プリント形式のリアル過去問で本番の臨場感！

広島県

比治山女子中学校

2025年春 受験用

解答集

本書は，実物をなるべくそのままに，プリント形式で年度ごとに収録しています。
問題用紙を教科別に分けて使うことができるので，本番さながらの演習ができます。

■ 収録内容

・解答集(この冊子です)

書籍ＩＤ番号，この問題集の使い方，最新年度実物データ，リアル過去問の活用，
解答例と解説，ご使用にあたってのお願い・ご注意，お問い合わせ

・2024(令和６)年度 ～ 2022(令和４)年度　学力検査問題

JN132312

○は収録あり　年度	'24	'23	'22		
■ 問題(一般入試Ⅰ・Ⅱ)	○	○	○		
■ 解答用紙	○	○	○		
■ 配点					

算数に解説があります

☆問題文等の非掲載はありません

教英出版

■　書籍ＩＤ番号

入試に役立つダウンロード付録や学校情報などを随時更新して掲載しています。
教英出版ウェブサイトの「ご購入者様のページ」画面で，書籍ＩＤ番号を入力してご利用ください。

書籍ＩＤ番号　112132

（有効期限：2025年9月30日まで）

【入試に役立つダウンロード付録】
「要点のまとめ(国語／算数)」
「課題作文演習」ほか

■　この問題集の使い方

年度ごとにプリント形式で収録しています。針を外して教科ごとに分けて使用します。①片側，②中央のどちらかでとじてありますので，下図を参考に，問題用紙と解答用紙に分けて準備をしましょう（解答用紙がない場合もあります）。

針を外すときは，けがをしないように十分注意してください。また，針を外すと紛失しやすくなりますので気をつけましょう。

① 片側でとじてあるもの　　② 中央でとじてあるもの

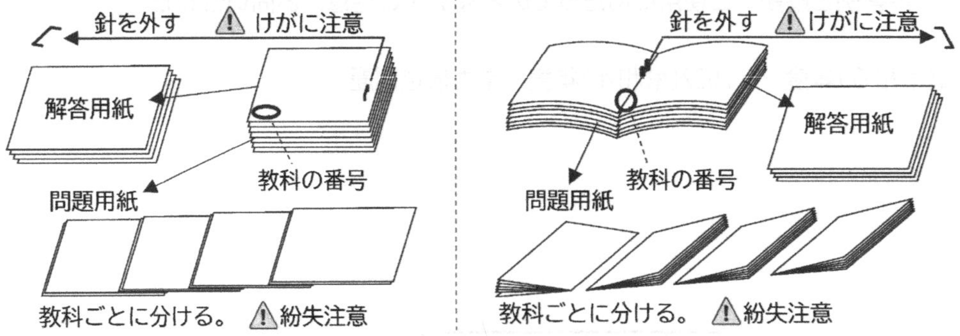

※教科数が上図と異なる場合があります。
解答用紙がない場合や，問題と一体になっている場合があります。
教科の番号は，教科ごとに分けるときの参考にしてください。

■　最新年度　実物データ

実物をなるべくそのままに編集していますが，収録の都合上，実際の試験問題とは異なる場合があります。実物のサイズ，様式は右表で確認してください。

問題用紙	Ａ４冊子(二つ折り)
解答用紙	Ａ４片面プリント 国：Ａ３片面プリント

リアル過去問の活用

～リアル過去問なら入試本番で力を発揮することができる～

本番を体験しよう！

問題用紙の形式（縦向き / 横向き），問題の配置や余白など，実物に近い紙面構成なので本番の臨場感が味わえます。まずはパラパラとめくって眺めてみてください。「これが志望校の入試問題なんだ！」と思えば入試に向けて気持ちが高まることでしょう。

入試を知ろう！

同じ教科の過去数年分の問題紙面を並べて，見比べてみましょう。

① 問題の量

毎年同じ大問数か，年によって違うのか，また全体の問題量はどのくらいか知っておきましょう。どのくらいのスピードで解けば時間内に終わるのか，大問ひとつにかけられる時間を計算してみましょう。

② 出題分野

よく出題されている分野とそうでない分野を見つけましょう。同じような問題が過去にも出題されていることに気がつくはずです。

③ 出題順序

得意な分野が毎年同じ大問番号で出題されていると分かれば，本番で取りこぼさないように先回りして解答することができるでしょう。

④ 解答方法

記述式か選択式か（マークシートか），見ておきましょう。記述式なら，単位まで書く必要があるかどうか，文字数はどのくらいかなど，細かいところまでチェックしておきましょう。計算過程を書く必要があるかどうかも重要です。

⑤ 問題の難易度

必ず正解したい基本問題，条件や指示の読み間違いといったケアレスミスに気をつけたい問題，後回しにしたほうがいい問題などをチェックしておきましょう。

問題を解こう！

志望校の入試傾向をつかんだら，問題を何度も解いていきましょう。ほかにも問題文の独特な言いまわしや，その学校独自の答え方を発見できることもあるでしょう。オリンピックや環境問題など，話題になった出来事を毎年出題する学校だと分かれば，日頃のニュースの見かたも変わってきます。

こうして志望校の入試傾向を知り対策を立てることこそが，過去問を解く最大の理由なのです。

実力を知ろう！

過去問を解くにあたって，得点はそれほど重要ではありません。大切なのは，志望校の過去問演習を通して，苦手な教科，苦手な分野を知ることです。苦手な教科，分野が分かったら，教科書や参考書に戻って重点的に学習する時間をつくりましょう。今の自分の実力を知れば，入試本番までの勉強の道すじが見えてきます。

試験に慣れよう！

入試では時間配分も重要です。本番で時間が足りなくなってあわてないように，リアル過去問で実戦演習をして，時間配分や出題パターンに慣れておきましょう。教科ごとに気持ちを切り替える練習もしておきましょう。

心を整えよう！

入試は誰でも緊張するものです。入試前日になったら，演習をやり尽くしたリアル過去問の表紙を眺めてみましょう。問題の内容を見る必要はもうありません。どんな形式だったかな？受験番号や氏名はどこに書くのかな？…ほんの少し見ておくだけでも，志望校の入試に向けて心の準備が整うことでしょう。

そして入試本番では，見慣れた問題紙面が緊張した心を落ち着かせてくれるはずです。

※まれに入試形式を変更する学校もありますが，条件はほかの受験生も同じです。心を整えてあせらずに問題に取りかかりましょう。

比治山女子中学校【一般入試Ⅰ】【一般入試Ⅱ】

《Ⅰ　国語》

一．a．戦略　b．悪　c．住　d．呼　e．祖先　f．納得　g．ふつごう　h．手放　i．つと　j．改良　二．A．イ　B．イ　C．ア　三．Ⅰ．ア　Ⅱ．エ　Ⅲ．ウ　四．イ　五．エ　六．ア　七．ウ　八．一つ目…区別すること　二つ目…比べること（一つ目と二つ目は順不同）　九．均一にそろうと全滅してしまう恐れがあるので、たくさんの選択肢を用意しておくこと。　十．同じ値段をつけて野菜売り場に並べるのに便利だから。　十一．ウ

十二．〈作文のポイント〉

・最初に自分の主張、立場を明確に決め、その内容に沿って書いていく。

・わかりやすい表現を心がける。自信のない表現や漢字は使わない。

さらにくわしい作文の書き方・作文例はこちら！→https://kyoei-syuppan.net/mobile/files/sakupo.html

《Ⅰ　算数》

1　(1)7　(2)$\frac{3}{10}$　(3)1　(4)2024

2　(1)400　(2)180　(3)50　(4)38　(5)75　(6)98

3　(1)18.24　(2)8

4　(1)40　(2)12　(3)320

5　ア．80　イ．210

6　(1)15　(2)22　(3)138

《Ⅰ　理科》

1　(1)多くなっているね　(2)エ　(3)イ，ウ　(4)①酸素　②二酸化炭素　(5)ア．ちっ素　ウ．二酸化炭素

2　(1)エ→ア→ウ→イ　(2)エ　(3)積乱雲　(4)線状　(5)集中ごう雨

3　(1)ア，エ　(2)メスシリンダー　(3)ミョウバン　(4)水よう液を加熱して水を蒸発させる。　(5)ウ

4　(1)モーターカー全体の重さを同じにするため。　(2)ウ　(3)オ，キ　(4)ウ，ク　(5)検流計

《Ⅰ　社会》

1　問1．記号…イ　特徴…一年を通して温暖で降水量が少ない。　問2．リサイクル　問3．ウ　問4．イタリア／イギリス　問5．ウ　問6．エ　問7．ウ　問8．キ

2　問1．中臣鎌足　問2．ウ　問3．新政府が誕生したため，幕末に江戸幕府が欧米諸国と結んだ不平等条約の改正交渉をしようとしたから。　問4．自由民権運動　問5．ア　問6．学問　問7．イ　問8．ウ　問9．イ　問10．エ

3　問1．三権分立　問2．A．ウ　B．イ　C．キ　D．ク

《Ⅱ　国語》

一．a．当座　b．両方　c．一株　d．こころよ　e．正直　f．孫　g．困　h．不思議　i．とお　j．指揮　二．イ　三．Ⅰ．目　Ⅱ．耳　Ⅲ．身　四．①エ　⑦ウ　五．一つ目…二人は～たから　二つ目…春の日～るから（一つ目と二つ目は順不同）　六．みつばちの快い羽音が聞こえたから。　七．⑴ア　⑵ほんと　八．自分は青年と戦いたくはないという気持ちを伝えるとともに、少佐である自分の首を持ってゆけば青年が出世できると考えたから。　九．ウ　十．菊田　十一．私はこの一文が必要だと思う。戦争になれば悲さんなことが起こり、つらい思いをするが、いつか戦争は終わる。南の方へ帰るという老人の望みがかなうことで、つらい経験を乗りこえた先によいことが待っているという、希望のある物語になるからだ。

《Ⅱ　算数》

1　⑴69　⑵60　⑶5.95　⑷42　⑸$\frac{4}{5}$

2　⑴$\frac{3}{4}$　⑵20　⑶92　⑷6，1.7　⑸12　⑹80　⑺40　⑻47.1

3　⑴20　⑵55　⑶7

4　⑴12　⑵6　⑶5

※**5**　55

※の求め方は解説を参照してください。

比治山女子中学校【一般入試Ⅰ】

1 (1) 与式＝(25－16)－12÷6＝9－2＝**7**

(2) 与式＝$(\frac{1}{2}-\frac{1}{3})+(\frac{1}{3}-\frac{1}{4})+(\frac{1}{4}-\frac{1}{5})=\frac{1}{2}-\frac{1}{5}=\frac{5}{10}-\frac{2}{10}=\mathbf{\frac{3}{10}}$

(3) 与式＝$(0.125\times4)\times\frac{6}{7}+(0.125\times2)\times\frac{4}{7}+(0.125\times3)\times\frac{8}{7}=0.125\times(\frac{24}{7}+\frac{8}{7}+\frac{24}{7})=0.125\times\frac{56}{7}=0.125\times8=\mathbf{1}$

(4) 与式＝4×(6×39＋16×17)＝4×(234＋272)＝4×506＝**2024**

2 (1) 2000円の2割は2000×0.2＝**400**(円)

(2) 求める食塩水の量は9÷0.05＝**180**(g)

(3) 1時間30分＝$1\frac{30}{60}$時間＝$\frac{3}{2}$時間だから，求める速さは，75÷$\frac{3}{2}$＝50より，時速**50**㎞である。

(4) 4年後の妹の年れいは10＋4＝14(歳)だから，4年後の母の年れいは14×3＝42(歳)である。よって，母は現在42－4＝**38**(歳)となる。

(5) **【解き方】(平均点)×(回数)＝(合計点)となることを利用する。**

5回の平均点が70点のとき，5回の合計点は70×5＝350(点)である。よって，5回目のテストの点数は，350－(62＋58＋72＋83)＝**75**(点)である。

(6) **【解き方】4と6のどちらで割っても2余る数から2を引くと，4の倍数であり6の倍数でもある数，つまり4と6の最小公倍数12の倍数になる。**

2けたの整数のうち，12の倍数で最も大きい数は12×8＝96だから，求める数は96＋2＝**98**である。

3 (1) **【解き方】正方形の面積は，(対角線の長さ)×(対角線の長さ)÷2で求められる。**

斜線《しゃせん》部分の面積は，半径4㎝の円の面積から，対角線の長さが4×2＝8(㎝)の正方形の面積を引いた値《あたい》だから，4×4×3.14－8×8÷2＝50.24－32＝**18.24**(㎠)

(2) **【解き方】入っている水の体積が等しいとき，水面の高さの比は底面積の比の逆比になることを利用する。**

［図1］で水が入っている部分の底面積は6×12＝72(㎠)，［図2］で水を入れる部分の底面積は6×9＝54(㎠)だから，底面積の比は72：54＝4：3である。よって，水面の高さの比は4：3の逆比の3：4になるから，水面の高さは6×$\frac{4}{3}$＝**8**(㎝)となる。

4 (1) **【解き方】AさんとCさんが10分間に進んだ道のりの合計が1200mになる。**

Aさんは10分間で80×10＝800(m)進んだから，Cさんは10分間で1200－800＝400(m)進んだ。よって，Cさんの速さは，400÷10＝40より，毎分**40**mである。

(2) **【解き方】BさんとCさんは1分間に合計60＋40＝100(m)だけ進む。**

BさんとCさんがすれ違《ちが》うのは，出発して1200÷100＝**12**(分後)である。

(3) **【解き方】AさんとBさんが進む道のりは，1分間に80－60＝20(m)だけ差がつく。**

Aさんが休けいをし始めたとき，AさんとBさんが進んだ道のりの差は60×$1\frac{20}{60}$＝60×$\frac{4}{3}$＝80(m)である。よって，2人が進んだ時間は80÷20＝4(分間)だから，Aさんは出発してから80×4＝**320**(m)の地点で休けいした。

5 **【解き方】円グラフの中心角が等しいとき，全体に対する割合も等しくなる。**

2年生の合計人数より，ア＝240－(83＋42＋23＋12)＝**80**(人)である。2年生で「自転車のみ」で通学している生徒は2年生全体の$\frac{80}{240}$×100＝$\frac{100}{3}$(%)だから，1年生で「電車と自転車」で通学している生徒の割合は，1年生全体の$\frac{100}{3}$%である。よって，1年生で「電車と自転車」以外で通学している生徒の割合は100－$\frac{100}{3}$＝$\frac{200}{3}$(%)であり，これが55＋32＋15＋38＝140(人)にあたるから，イ＝140÷($\frac{200}{3}$÷100)＝**210**(人)である。

6　⑴　**【解き方】さいころの向かい合う面の和は７だから，同じ方向に４回転がしたときに上面の数の和は，$7\times 2=14$ になる。**

さいころを同じ方向に４回転がすと，さいころは最初と同じ向きになるから，求める和は $1+14=$**15** である。

⑵　**【解き方】右のような立方体の展開図を考えると，展開図の６つの面に１から６までの整数を割りふることができるので，→↓→↓→↓と転がしたときの上面の数の和は $1+2+3+4+5+6=21$ となる。**

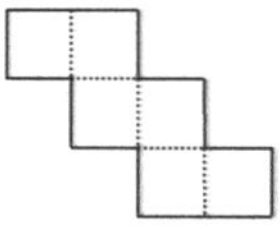

さいころは→↓→↓→↓と転がしたから，目の数の和は $1+21=$**22** である。

⑶　**【解き方】⑴，⑵の解説をふまえる。さいころを→に９回，↓に10回，→に１回，→↓に９回転がしたと考える。**

はじめの置き方から→に４回転がすと，上面の数は(１→)４→６→３→１と変わる。よって，→に９回転がすと，$9=4\times 2+1$ だから，上面の数は４となり，上面の数の和ははじめの１も合わせて $1+14\times 2+4=33$ となる。

このとき，手前の数は転がす前と変わらず２，右側の数は１である。

次に，↓に４回転がすと，上面の数は(４→)５→３→２→４と変わる。よって，↓に10回転がすと，$10=4\times 2+2$ だから，上面の数は３となり，上面の数の和は $14\times 2+5+3=36$ となる。このとき，手前の数は５，右側の数は↓に10回転がす前と変わらず１である。

さらに，→に１回転がすと，上面の数は６になる。

最後に，→↓に９回転がしたときの上面の数の和は，→↓に３回転がしたときの上面の数の和の $9\div 3=3$ (倍)だから，$21\times 3=63$ となる。

以上より，上面の数の和は $33+36+6+63=$**138** である。

1 ⑵ 与式＝75＋５－20＝80－20＝**60**

⑶ 与式＝1.65＋4.3＝**5.95**

⑷ 与式＝43－｛５＋(16－15)｝÷６＝43－(５＋１)÷６＝43－６÷６＝43－１＝**42**

⑸ 与式＝$\frac{7}{6}÷(\frac{3}{12}+\frac{4}{12})-\frac{6}{5}=\frac{7}{6}÷\frac{7}{12}-\frac{6}{5}=\frac{7}{6}×\frac{12}{7}-\frac{6}{5}=2-\frac{6}{5}=\frac{10}{5}-\frac{6}{5}=\mathbf{\frac{4}{5}}$

2 ⑴ **【解き方】３つの数を通分して分母をそろえて比べてもよいが，通分すると分母が大きくなり計算しにくい。よって，$\frac{3}{4}$と$\frac{5}{7}$，$\frac{3}{4}$と0.72の大小関係をそれぞれ比べる。**

$\frac{3}{4}=\frac{21}{28}$，$\frac{5}{7}=\frac{20}{28}$だから，$\frac{3}{4}$と$\frac{5}{7}$は$\frac{3}{4}$の方が大きい。$\frac{3}{4}$＝0.75 だから，$\frac{3}{4}$と 0.72 は$\frac{3}{4}$の方が大きい。したがって，一番大きい数は，$\mathbf{\frac{3}{4}}$である。

⑵ 1200 円は 6000 円の 1200÷6000×100＝**20**(%)である。

⑶ **【解き方】(平均点)×(回数)＝(合計点)となることを利用する。**

５回のテストの合計点は 86×５＝430(点)だから，□＝430－(88＋92＋76＋82)＝**92**(点)である。

⑷ 12.5÷1.8＝６あまり 1.7 だから，**６**袋できて米が **1.7** kgあまる。

⑸ **【解き方】ＢさんがＡさんにあめをあげると，２人の持っているあめの個数は，２人の平均になる。**

２人のあめの個数の平均は(14＋38)÷２＝26(個)だから，ＢさんがＡさんに 38－26＝**12**(個)あげればよい。

⑹ **【解き方】プリン２個とゼリー６個の合計金額から，プリン２個とゼリー４個の合計金額を引くとゼリー６－４＝２(個分)の金額になる。**

ゼリー２個の金額は 720－560＝160(円)だから，ゼリー１個の金額は 160÷２＝**80**(円)である。

⑺ **【解き方】右図で，角ＣＡＢ＝角ＣＥＤ＝90°，角ＢＣＡ＝角ＤＣＥだから，三角形ＡＢＣと三角形ＥＤＣは形が同じ三角形である。**

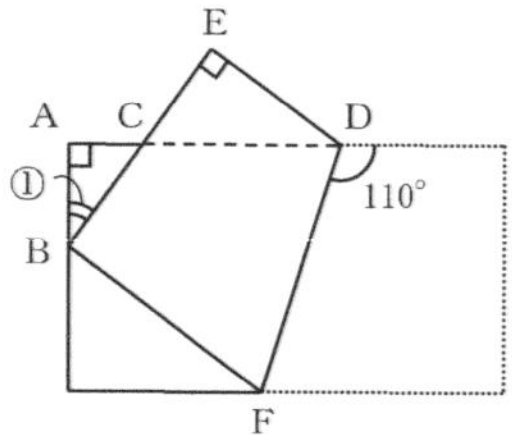

角ＥＤＣ＝角①だから，角ＥＤＣの大きさを求めればよい。

角ＡＤＦ＝180°－110°＝70°であり，折り返した角の大きさは等しいから，

角ＥＤＦ＝110°なので，角①＝角ＥＤＣ＝110°－70°＝**40**°である。

⑻ **【解き方】斜線《しゃせん》部分の面積は，半径(６＋10)÷２＝８(cm)の半円の面積から，半径６÷２＝３(cm)の半円の面積と，半径 10÷２＝５(cm)の半円の面積を引いた値《あたい》である。**

求める面積は，８×８×3.14÷２－３×３×3.14÷２－５×５×3.14÷２＝(64－９－25)×3.14÷２＝**47.1**(cm²)

3 ⑴ クラスの人数は３＋６＋５＋３＋１＋２＝**20**(人)

⑵ 10 回以上の人は５＋３＋１＋２＝11(人)だから，全体の$\frac{11}{20}$×100＝**55**(%)である。

⑶ 15 回以上の人は３＋１＋２＝６(人)いる。桜子さんの記録は 14 回だから上位から**７**(番目)である。なお，記録が 10 回以上 15 回未満の人は桜子さんを合わせて５人いるので，桜子さんと同じ 14 回の人は最大で**５**人いる。

4 **【解き方】樹形図をかいて考える。**

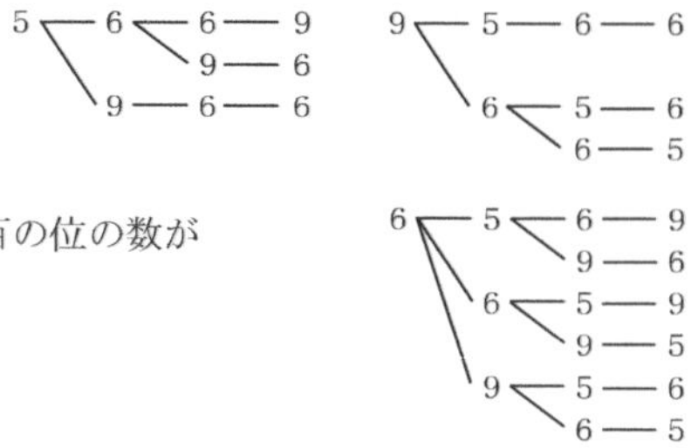

⑴ 樹形図は右のようになるので，全部で **12** 個の整数ができる。

⑵ 一の位の数が奇数(５または９)となればよいので，**６**個できる。

⑶ 6700 より大きい数は，千の位の数が９となるか，千の位の数が６で百の位の数が９となればよいので，３＋２＝**５**(個)できる。

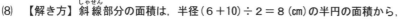

5　**【解き方】一番左に白い石を1個増やし，20＋1＝21(個目)の白いご石までに並ぶ黒いご石の個数を考える。**

1からnまで連続する整数の和は，$\dfrac{(1+n)\times n}{2}$で求められることを利用する。

以下のように，白いご石と黒いご石の集まりごとにグループ分けして考えると，21個目の白いご石までに

20÷2＝10(グループ)できる。

○○●｜○○●●｜○○●●●｜○○●●●●｜……｜○

黒いご石の個数ははじめの1個から，1グループ増えるごとに1個ずつ増えていくから並べた黒いご石の個数は

1から10までの連続する整数の和なので，$\dfrac{(1+10)\times 10}{2}$＝55(個)である。

2023 解答例 令和5年度 比治山女子中学校【一般入試Ⅰ】【一般入試Ⅱ】

《Ⅰ　国語》

一. a. 根本　b. 安心　c. 招　d. 客観　e. 素直　f. いた　g. 覚　h. ふせ　i. 便利　j. 原理

二. A. イ　B. イ　C. エ　D. ウ　三. Ⅰ. ア　Ⅱ. ア　Ⅲ. イ　四. 内容は内容、気持ちは気持ち、というふうに分けて自分なりにしっかりと考えることができず、感情におし流されてしまうから。　五. 一つは、自／次に考えら／さらにもう　六. どのよ～の視点　七. エ　八. カ　九. (1)イ　(2)あ. 肯定　い. 否定　十. ウ

十一. (例文)私は、コミュニケーションを取る上で、想像力のなさに気をつけなければならないと思う。なぜなら、想像力がないと、相手を思いやることができないからだ。友だちが急に約束の時間におくれると電話してきた時、いつもおくれない友だちなので、何かあったのだろうと想像し、気づかう言葉をかけた。後で、けがをした弟の手当てをしたためだとわかった。相手の事情を想像した上で対応できて良かった。

《Ⅰ　算数》

1　(1)42　(2)3　(3)4.05　(4)$\frac{1}{2}$　(5)70

2　(1)2　(2)0.8　(3)8　(4)0.2　(5)4000　(6)10　(7)①10　②15

3　(1)10　(2)125

4　(1)648　(2)1140

5　(1)2　(2)9　(3)さいころを2回投げて同じ目が出たとき，目の数の和は必ず偶数になる。ご石がAからスタートしたとき，さいころの目が偶数ならAまたはCに止まる。よって，2回の移動では必ず偶数の目が出たときと同じ移動のしかたをするので，BとDには止まらない。

《Ⅰ　理科》

1　(1)①ア　②エ　③オ　(2)小さな水てきのつぶがついて白くくもっている。　(3)蒸散　(4)気こう　(5)二酸化炭素

2　(1)地層　(2)①しん食　②たい積　(3)ウ

3　(1)エ　(2)断層　(3)きん急地しん速報

4　(1)丸底フラスコ　(2)ウ　(3)丸底フラスコの方が試験管よりも中の空気の体積が大きいから。　(4)①液体から気体に変化　②大きくなった　(5)エ　(6)①ア　②エ　③ウ　(7)①下　②A. 下　B. 上

《Ⅰ　社会》

1　問1. イ　問2. ワカタケル　問3. ア　問4. ウ　問5. 木簡　問6. (1)イ　(2)山上憶良　問7. ア　問8. エ　問9. A→C→B→D

2　問1. A. 宮城　B. 神戸　問2. 6　問3. 地産地消　問4. アフリカ　問5. ア　問6. エ　問7. アイヌ　問8. 赤潮　問9. イ

3　問1. A. 平和　B. 職業　C. 文化　D. 立法　問2. ウ

《Ⅱ　国語》

一．ａ．こんせい　ｂ．感謝　ｃ．印象　ｄ．保冷　ｅ．具合　ｆ．経営　ｇ．しゅっせ　ｈ．民族　ｉ．最低　ｊ．伝統　　二．ア　　三．イ　　四．言葉を明るくすれば、心も明るくなるはずだ　　五．個として生きること　　六．心と～ない　　七．ウ　　八．を理解して下さい　　九．ア　　十．だからこそ　　十一．オ　十二．寿司ダネの区別がつかない人を本格的な寿司店に連れていっても良さが伝わらないから。　　十三．欧米には虫や魚を愛する伝統がないから。　　十四．区別がつく事象に対してのみ呼び名がある、区別がつくかどうかの差異に根ざした表現。

《Ⅱ　算数》

1　(1)50　　(2)$\frac{27}{125}$　　(3)36　　(4)0　　(5)8

2　(1)350　　(2)12　　(3)72　　(4)2.5　　(5)2　　(6)135

3　(1)三角柱　　(2)84　　(3)36

4　(1)6　　(2)36　　(3)225

5　(1)Bさん　※(2)84　　(3)78

※の理由は解説を参照してください。

比治山女子中学校【一般入試Ⅰ】

1 ⑴ 与式＝26＋16＝**42**

⑵ 与式$=\frac{11}{5}+\frac{3}{5}\times\frac{4}{3}=\frac{11}{5}+\frac{4}{5}=\frac{15}{5}=$ **3**

⑷ 与式$=\frac{3}{4}\times\frac{5}{6}\div\frac{5}{4}=\frac{3}{4}\times\frac{5}{6}\times\frac{4}{5}=$ $\mathbf{\frac{1}{2}}$

⑸ 与式＝120－10×５＝120－50＝**70**

2 ⑴ 与式より，18＋□×３＝４×６　□×３＝24－18　□＝６÷３＝**2**

⑵ **【解き方】分数を小数に直して比べる。**

$\frac{2}{3}$＝0.66…，$\frac{3}{4}$＝0.75 だから，一番大きい数は **0.8** である。

⑶ **【解き方】４でも６でも割り切れる数は，４と６の最小公倍数の倍数である。**

４と６の最小公倍数は 12 だから，４と６の両方で割り切れる数は，100÷12＝８余り４より，**8** 個である。

⑷ **【解き方】1000ｇ＝１kgである。**

200ｇ＝(200÷1000)kg＝**0.2** kg

⑸ 70％は 0.7 と表せる。よって，2800÷0.7＝**4000**(円)

⑹ **【解き方】右図のような対角線ＡＤ，ＢＥ，ＣＦにより，正六角形は６つの合同な正三角形に分けられる。正六角形の面積は 30 ㎠だから，この正三角形の面積は 30÷６＝５(㎠)である。**

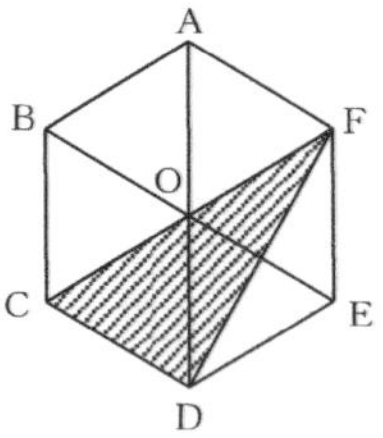

三角形ＯＤＦの面積はひし型ＯＤＥＦの半分の面積だから，三角形ＯＤＥの面積に等しい。よって，斜線部分の面積は正三角形２つ分の面積だから，５×２＝**10**(㎠)である。

⑺ 分速 200ｍ＝分速 0.2 kmである。よって，50 分で自転車が進む道のりは 0.2×50＝**10**(km)である。

また，この道のりを時速 40 kmの自動車で行くと，10÷40$=\frac{1}{4}$(時間)$=\frac{1}{4}$×60(分)＝**15**(分)かかる。

3 ⑴ **【解き方】食塩水の濃《こ》さは，$\frac{(食塩の重さ)}{(食塩水の重さ)}$×100 で求められる。**

求める濃度《のうど》は，$\frac{50}{450+50}$×100＝**10**(％)

⑵ **【解き方】水を加える前後で食塩の量は変わらず 50ｇである。また，100－８＝92(％)が水だと考える。**

水を加えた後の食塩水にふくまれる水の量は，50×$\frac{92}{8}$＝575(ｇ)である。よって，加えた水の量は 575－450＝**125**(ｇ)

4 ⑴ **【解き方】立体の側面積は(底面の周りの長さ)×(立体の高さ)で求められる。**

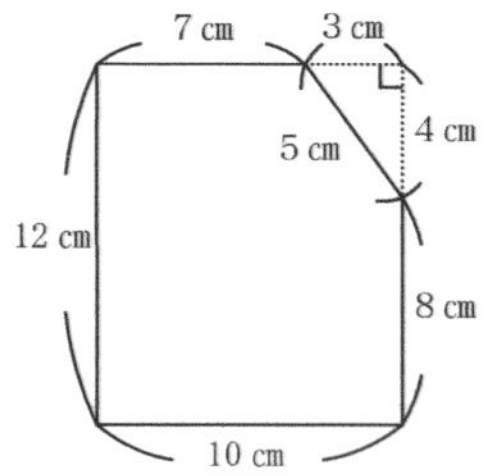

右図の手前から見た面を底面として考える。

底面積は 10×12－３×４÷２＝120－６＝114(㎠)

底面の周りの長さは 10＋８＋５＋７＋12＝42(cm)より，側面積は 42×10＝420(㎠)

よって，求める表面積は 114×２＋420＝**648**(㎠)

⑵ **【解き方】柱体の体積は(底面積)×(高さ)で求められる。**

この立体は五角柱だから，求める体積は 114×10＝**1140**(㎤)

5 ⑴ **【解き方】さいころの目によって進む点の位置は右表のようになる。**

目の数	1	2	3	4	5	6
点の位置	B	C	D	A	B	C

表よりさいころを１回投げてＣに進むのは，出た目が２と６のときだから，**2** 通りある。

⑵ **【解き方】さいころを２回投げて点Ｃへの進むのは，出た目の合計が２，６，10 のときである。それぞれの目の出方を，(１回目に出た目の数，２回目に出た目の数)で表す。**

出た目の合計が２となる目の出方は（１，１）の１通りある。

出た目の合計が６となる目の出方は（１，５）（２，４）（３，３）（４，２）（５，１）の５通りある。

出た目の合計が10となる目の出方は（４，６）（５，５）（６，４）の３通りある。

よって，求めるさいころの目の出方は，全部で１＋５＋３＝**9**（通り）ある。

(3)　（奇数）＋（奇数）＝（偶数），（偶数）＋（偶数）＝（偶数）なので，２回ともさいころの目の数が同じだったとき，目の数の和は必ず偶数になる。

1 ⑴ 与式$=10+1+10+2+10+3+10+4=10\times4+(1+2+3+4)=40+10=$**50**

⑵ 与式$=\frac{25}{125}-\frac{3}{125}+\frac{5}{125}=\mathbf{\frac{27}{125}}$

⑶ 与式$=48-36\times2\times\frac{1}{6}=48-12=$**36**

⑷ 与式$=\frac{3}{4}\times4-\frac{3}{4}\div\frac{1}{4}=\frac{3}{4}\times4-\frac{3}{4}\times4=$**0**

⑸ 与式$=(\frac{17}{6}-\frac{2}{3})\times6\div\frac{13}{8}=(\frac{17}{6}\times6-\frac{2}{3}\times6)\times\frac{8}{13}=(17-4)\times\frac{8}{13}=13\times\frac{8}{13}=$**8**

2 ⑴ **【解き方】30％引きはもとの値段の１－0.3＝0.7(倍)である。**

求める値段は，500×0.7＝**350**(円)

⑵ ３つ以上の数の最大公約数を求めるときは，右のような筆算を利用する。

2)	36	72	84
2)	18	36	42
3)	9	18	21
	3	6	7

３つの数を割り切れる数で次々に割っていき，割った数をすべてかけあわせれば最大公約数となる。よって，求める最大公約数は，２×２×３＝**12**

⑶ １分で1200ｍ＝1.2㎞進む車は，１時間で1.2×60＝72(㎞)進む。よって，時速**72**㎞である。

⑷ **【解き方】(半径)×２×3.14＝(円周)だから，(円周)÷3.14÷２＝(半径)である。**

求める半径は，15.7÷3.14÷２＝**2.5**(㎝)

⑸ $7\div49=\frac{1}{7}$より，□は14を$\frac{1}{7}$倍した数である。よって，$14\times\frac{1}{7}=$**2**

⑹ 角ア＝90°＋45°＝**135°**

3 ⑴ 展開図を組み立てると右図のような**三角柱**になる。

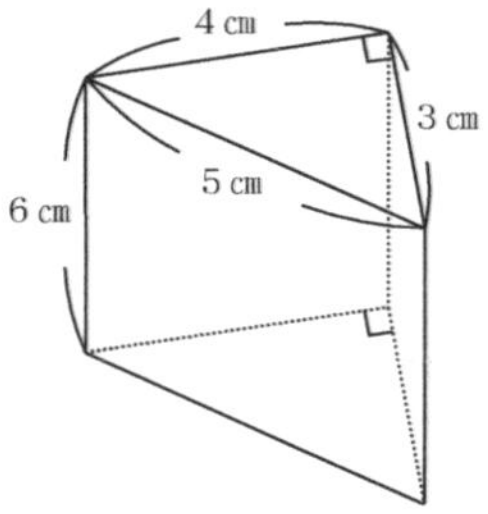

⑵ **【解き方】立体の側面積は，(底面の周りの長さ)×(立体の高さ)で求められる。**

底面積は３×４÷２＝６(㎠)

底面の周りの長さは３＋４＋５＝12(㎝)より，側面積は12×６＝72(㎠)

よって，表面積は６×２＋72＝**84**(㎠)

⑶ ⑵より底面積は６㎠だから，体積は６×６＝**36**(㎤)

4 ⑴ **【解き方】正方形タイルの枚数は正方形の１辺の枚数を２回かけて求められる。例えば，１辺の枚数が３枚のときの枚数は３×３＝９(枚)となる。**

36＝６×６だから，１辺の枚数は**6**枚である。

⑵ １辺の枚数が10枚のとき，いちばん外側の枚数は，正方形の４つの辺をつくるタイルの枚数の合計から，四角《よすみ》のタイルの枚数を引けばよい。よって，10×４－４＝**36**(枚)

⑶ ⑵の解説をふまえる。いちばん外側の枚数が56枚のとき，正方形の１辺の枚数は(56＋４)÷４＝15(枚)である。よって，求める枚数は15×15＝**225**(枚)

5 ⑴ **【解き方】４人の得点をそれぞれⒶ，Ⓑ，Ⓒ，Ⓓと表す。**

①より，Ⓐ＝Ⓑ＋18　②より，Ⓑ＝Ⓒ－14となるから，Ⓒ＝Ⓑ＋14

③より，Ⓒ＝Ⓓ－18となるから，Ⓓ＝Ⓒ＋18

よって，ＡさんとＣさんはＢさんより得点が高く，ＤさんはＣさんより得点が高い。

したがって，一番得点が低いのは**Ｂさん**である。

⑵ **【解き方】⑴の式に具体的に数をあてはめる。**

Ⓑ＝52のとき，Ⓒ＝52＋14＝66，Ⓓ＝66＋18＝84となる。よって，Ｄさんの得点は**84**点である。

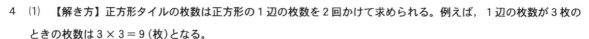

(3)　【解き方】Bさんの得点を基準にしたときの他の3人との得点の差を考える。

(1)より，AさんはBさんより18点高く，CさんはBさんより14点高い。また，DさんはBさんより18＋14＝32(点)高い。これらをまとめると，右表のようになる。

	Aさん	Bさん	Cさん	Dさん
Bさんとの差	18	0	14	32

表より，Bさんとの差の平均は(18＋0＋14＋32)÷4＝16(点)だから，Bさんは4人の平均点よりも16点低いことになる。したがって，Aさんの得点は，76－16＋18＝**78**(点)である。

2022 解答例 令和４年度 ★比治山女子中学校【一般入試Ⅰ】【一般入試Ⅱ】

《Ⅰ　国語》

一．a．意外　b．非難　c．宣伝　d．簡単　e．体得　f．命　g．努　h．治　i．弁護　j．謝罪

二．A．ア　B．エ　C．ア　D．エ　三．え　四．エ　五．イ　六．私たち～うこと　七．恩恵

八．6，7　九．私たち～ること　十．⑴自分で考え判断する姿勢が失われた状態。　⑵独裁的な社会

十一．6

十二．(例文)

科学・技術が持つ二面性について、自動車のふきゅうを例に説明する。

自動車がふきゅうしたことのプラスの面として、人々が簡単に遠くへ行けるようになったことや、重い荷物を大量に運べるようになったことが挙げられる。

一方、マイナスの面としては、大気お染やそう音の問題を引き起こしていることが挙げられる。

《Ⅰ　算数》

1　⑴165　⑵$41\frac{7}{8}$　⑶$4\frac{2}{15}$　⑷33　⑸$\frac{27}{40}$

2　⑴４　⑵1560　⑶15　⑷28　⑸57

3　⑴４　⑵３　⑶⑤→⑩，⑩→⑤

4　⑴２．山口県２位　４．岡山県１位　６．広島県３位　７．岡山県２位　⑵２　⑶４

5　⑴7000　⑵35　⑶17，30　※⑷１，８，45

※の求め方は解説を参照してください。

《Ⅰ　理科》

1　⑴10 往復する時間を複数回はかり，測定結果を平均して求める。　⑵①カ　②ウ　③エ　⑶ア，オ　⑷ウ

2　⑴30　⑵ウ　⑶こまごめピペット　⑷温度／高く　⑸塩化水素／吸いこまない　⑹エ，オ

3　⑴卵(子)　⑵精子　⑶受精　⑷受精卵　⑸子宮　⑹ウ　⑺ウ

4　⑴イ　⑵17　⑶ア

5　⑴蒸発　⑵エ　⑶雲

《Ⅰ　社会》

1　問１．ア　問２．オーストラリア　問３．石油化学コンビナート　問４．筆　問５．エ
　問６．沖合漁業　問７．エ　問８．⑴カ→ア→エ　⑵飛驒山脈　問９．メディアリテラシー

2　問１．ウ　問２．イ　問３．征夷大将軍　問４．⑴ア　⑵ウ　問５．執権　問６．ア　問７．エ
　問８．⑴ア　⑵エ

3　問１．三権分立　問２．ウ　問３．裁判員制度　問４．イ　問５．1946，11，３

《Ⅱ　国語》

一．a．実感　b．正義　c．収支　d．安易　e．当然　f．いとな　g．非難　h．精神　i．連帯　j．誕生　二．イ　三．問／答　四．(あ)エ　(い)ア　五．松　六．目　七．人間の命の価値はどこにあるのか　八．人間の値打ちは、まず生きていることにあり、人生で何事を成し遂げたかというのは二番目ぐらいにくるから。　九．命とい～ている　十．生きるために、私たちは目に見えないところで大きな努力をしているということ。　十一．エ　十二．エ

《Ⅱ　算数》

1　(1)42　(2)$\frac{1}{4}$　(3)20　(4)10　(5)$\frac{1}{6}$

2　(1)100　(2)10　(3)70　(4)84　(5)25.7　(6)94

3　(1)2.5　(2)100　(3)36

4　(1)25　(2)8　(3)199

5　(1)4　(2)5　(3)りんごとみかんを6個ずつ買うと，支払う金額が(120×6＋80×6)×(1－0.1)＝1080(円)となり，1000円をこえてしまうからだよ

比治山女子中学校【一般入試Ⅰ】

←解答例は前のページにありますので，そちらをご覧ください。

1 (1) 与式＝107＋58＝165

(2) 与式$=42-\frac{1}{8}=41\frac{7}{8}$

(3) 与式$=4\frac{4}{5}-\frac{7}{3}\div\frac{7}{2}=4\frac{4}{5}-\frac{7}{3}\times\frac{2}{7}=4\frac{4}{5}-\frac{2}{3}=4\frac{12}{15}-\frac{10}{15}=4\frac{2}{15}$

(4) 与式＝(54－16)÷２＋14＝38÷２＋14＝19＋14＝33

(5) 与式$=\frac{12}{5}\times\frac{1}{3}-(\frac{5}{20}-\frac{4}{20})\times\frac{5}{2}=\frac{4}{5}-\frac{1}{20}\times\frac{5}{2}=\frac{4}{5}-\frac{1}{8}=\frac{32}{40}-\frac{5}{40}=\frac{27}{40}$

2 (1) 与式より，128÷□－16＋35＝51　128÷□－16＝51－35　128÷□＝16＋16　□＝128÷32＝４

(2) 見込む利益は1200×0.3＝360(円)だから，求める金額《きんがく》は，1200＋360＝1560(円)

(3) 時速 54 ㎞＝秒速$\frac{54\times1000}{60\times60}$m＝秒速 15m

(4) はずれの本数は$8\times\frac{5}{2}$＝20(本)だから，くじは全部で，８＋20＝28(本)

(5) **【解き方】右図のように記号をおき，１辺が 10 ㎝の正方形の面積から，㋐の面積の２倍をひいて求める。**

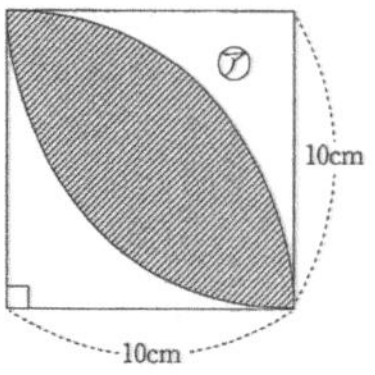

㋐の面積は，１辺が 10 ㎝の正方形の面積から，半径が 10 ㎝の円の$\frac{1}{4}$の面積をひけばよいので，$10\times10-10\times10\times3.14\times\frac{1}{4}$＝100－78.5＝21.5(㎠)

よって，斜線《しゃせん》部分の面積は，10×10－21.5×２＝57(㎠)

3 (1) ⑥に新しくセミが止まると，⑦にいたセミはびっくりして飛び立つ。よって，木には最初と変わらず４匹のセミが止まっている。

(2) ②に新しくセミが止まると，①と③にいたセミが飛び立つから，木には４＋１－２＝３(匹)のセミが止まっている。

(3) **【解き方】新しく２匹止まるから，木に止まっているセミを５匹にしたいとき，飛び立つセミは４＋２－５＝１(匹)になる。**

１番目のセミが②，⑧に止まると２匹飛び立つので条件に合わない。１番目のセミが④，⑥に止まると１匹飛び立ち，その後２番目のセミがどこに止まっても１匹以上飛び立つので条件に合わない。１番目のセミが⑤に止まると木に止まっているセミは５匹になり，その後２番目のセミが⑩に止まると⑨のセミが飛び立って木に止まっているセミが５匹になるので，条件に合う。１番目のセミが⑩に止まると⑨のセミが飛び立ち，その後２番目のセミが⑤に止まると木に止まっているセミが５匹になるので，条件に合う。よって，⑤→⑩か⑩→⑤の順に止まればよい。

4 (1) ５.に山口県１位が入るから，４.に岡山県１位が入る。山口県２位は１.～４.に入るから，２.には山口県２位が入る。１.３.８.に広島県の１位，４位，２位が入っており，１回戦は同県では当たらないので，６.には広島県３位が入る。残りの７.には岡山県２位が入る。

(2) (1)より，山口県１位の場所が決まると，岡山県１位の場所が決まり，山口県２位と岡山県２位の場所も決まる。決まった出場校をまとめると右図のようになる。

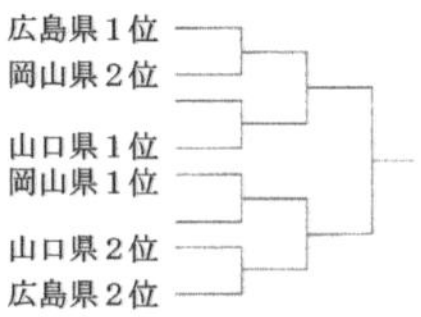

３.と６.には広島県の３位と４位が入るから，トーナメントは２通り作れる。

(3) 山口県と岡山県の１位は４.または５.のいずれかに入るから，(2)の他に，４.に岡山県１位が入る場合を考えればよい。この場合も，５.に山口県１位が入り，山口県２位と岡山県２位の場所も決まるので，トーナメントは２通り作れる。よって，トーナメントは２＋２＝４(通り)作れる。

5 ⑴ この立体は，「Y」の形をした面を底面とすると，高さが 10 ㎝の柱体である。

「Y」の形をした面を図Ⅰのように分けると，底面積は(20×10)×2＋30×10＝700(㎠)

だから，体積は，700×10＝7000(㎤)

図Ⅰ

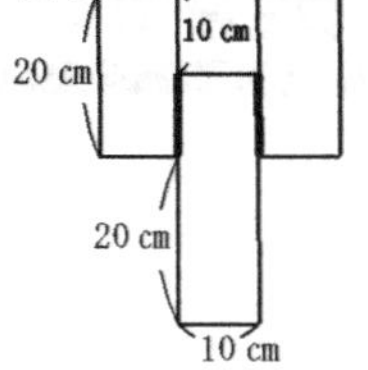

⑵ 求める時間は，7000÷200＝35(分間)

⑶ 【解き方】水面の高さが 25 ㎝になるとき，「Y」の形をした面を正面に見ると，図Ⅱの太線より下の部分に水が入る。㋐の長さは 25－20＝5(㎝)

図Ⅱ

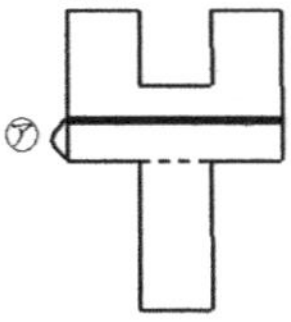

水が入っている部分の立体は，図Ⅱの面を底面とすると，底面積が 5×(10＋10＋10)＋20×10＝350(㎠)，高さが 10 ㎝だから，水は 350×10＝3500(㎤)入っている。よって，求める時間は，3500÷200＝17.5(分)，つまり，17 分 30 秒である。

⑷ 【解き方】水面の高さが 15 ㎝になるとき，「Y」の形をした面を正面に見ると，図Ⅲの太線より下の部分に水が入る。

図Ⅲ

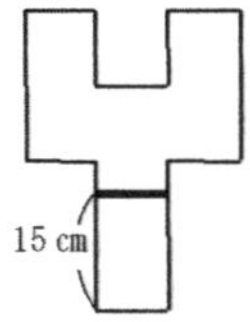

水が入っている部分の立体の体積は，15×10×10＝1500(㎤)だから，抜いた水の量は，

7000－1500＝5500(㎤)である。よって，求める時間は，5500÷80＝68.75(分)，つまり，

1 時間 8 分(0.75×60)秒＝1 時間 8 分 45 秒である。

2022 算数解説 令和4年度 比治山女子中学校【一般入試Ⅱ】

1 ⑴ 与式＝26＋16＝42

⑵ 与式$=\frac{9}{12}+\frac{2}{12}-\frac{8}{12}=\frac{3}{12}=\frac{1}{4}$

⑶ 与式＝32－６×２＝32－12＝20

⑷ 与式$=\frac{1}{4}\times 40=10$

⑸ 与式$=(\frac{9}{8}-\frac{5}{6})\div\frac{7}{4}=(\frac{27}{24}-\frac{20}{24})\times\frac{4}{7}=\frac{7}{24}\times\frac{4}{7}=\frac{1}{6}$

2 ⑴ 与式より，□÷５＝４÷0.2　　□$=4\div\frac{1}{5}\times 5=4\times 5\times 5=100$

⑵ １時間＝60 分＝(60×60)秒＝3600 秒で 36 km＝36000m進むから，１秒に 36000÷3600＝10(m)進む。

⑶ 350ｇは 500ｇの$\frac{350}{500}\times 100=70$(%)である。

⑷ ４つの数の合計は 82×４＝328 だから，求める数は，328－70－94－80＝84

⑸ 周りの長さのうち，曲線部分の長さは半径が５cmの円周の半分，直線部分の長さは５＋５＝10(cm)だから，求める長さは，５×２×3.14÷２＋10＝25.7(cm)

⑹ ５cm×４cm，５cm×３cm，３cm×４cmの面が２つずつあるから，表面積は，
(５×４＋５×３＋３×４)×２＝94(cm²)

3 ⑴ 水を排水し始めてから 12 分後から 40 分後までの 40－12＝28(分間)で，水は 70Ｌ排水したから，１分あたり，70÷28＝2.5(Ｌ)ずつ排水している。

⑵ 12 分で 2.5×12＝30(Ｌ)排水するので，はじめに水そうに入っていた水の量は，70＋30＝100(Ｌ)

⑶ **【解き方】水そうに残っている水の量が 10Ｌになるのは，水を 100－10＝90(Ｌ)排水したときである。**
求める時間は，90÷2.5＝36(分後)

4 ⑴ **【解き方】一番右にある数について，規則性を見つける。**
一番右にある数は，１段目が１，２段目が４＝２×２，３段目が９＝３×３，…となるので，５段目の一番右にある数は，５×５＝25

⑵ **【解き方】一番左の数は，１つ前の段の一番右の数より，１大きい数となる。**
一番右の数が 50－１＝49 となるのは，49＝７×７より，７段目だとわかる。
よって，７段目の一番右の数が 49 なので，一番左の数が 50 となるのは，８段目である。

⑶ **【解き方１】各段にならぶ正三角形の個数の規則性を見つける。**
各段にならぶ正三角形の個数は，１段目が１個で２段目からは１段増えるごとに２個増える。よって，100 段目にならぶ正三角形の個数は，１＋２×(100－１)＝199(個)

【解き方２】⑴と⑵をふまえ，100 段目の一番左の数と一番右の数に注目する。
99 段目の一番右の数が 99×99＝9801 だから，100 段目の一番左の数は 9802，100 段目の一番右の数は 100×100＝10000 である。よって，求める個数は，10000－9802＋１＝199(個)

5 まず，同じ個数だけ買って 1000 円になる組み合わせを考える。りんごとみかんを１個ずつ買うと 120＋80＝200(円)になるから，りんごとみかんを 1000÷200＝$_{(2)}\underline{5}$(個)ずつ買うと，合計金額が 1000 円となる。
120 と 80 の最小公倍数は 240 だから，りんご 240÷120＝２(個)とみかん 240÷80＝３(個)の合計金額は同じである。よって，りんごとみかんを５個ずつ買った状態から，Ａ「りんご２個をみかん３個に変える」またはＢ「みかん３個をりんご２個に変える」の操作を行っても，合計金額は 1000 円のままである。

よって，りんごとみかんを５個ずつ買った状態からそれぞれ，Ａを１回，Ａを２回，Ｂを１回行う場合があるから，合計金額がちょうど1000円になる買い方は，（りんごの個数，みかんの個数）＝（１個，11個）（３個，８個）（５個，５個）（７個，２個）の(1)４通りある。

■ ご使用にあたってのお願い・ご注意

（1）問題文等の非掲載

著作権上の都合により，問題文や図表などの一部を掲載できない場合があります。

誠に申し訳ございませんが，ご了承くださいますようお願いいたします。

（2）過去問における時事性

過去問題集は，学習指導要領の改訂や社会状況の変化，新たな発見などにより，現在とは異なる表記や解説になっている場合があります。過去問の特性上，出題当時のままで出版していますので，あらかじめご了承ください。

（3）配点

学校等から配点が公表されている場合は，記載しています。公表されていない場合は，記載していません。

独自の予想配点は，出題者の意図と異なる場合があり，お客様が学習するうえで誤った判断をしてしまう恐れがあるため記載していません。

（4）無断複製等の禁止

購入された個人のお客様が，ご家庭でご自身またはご家族の学習のためにコピーをすることは可能ですが，それ以外の目的でコピー，スキャン，転載（ブログ，ＳＮＳなどでの公開を含みます）などをすることは法律により禁止されています。学校や学習塾などで，児童生徒のためにコピーをして使用することも法律により禁止されています。

ご不明な点や，違法な疑いのある行為を確認された場合は，弊社までご連絡ください。

（5）けがに注意

この問題集は針を外して使用します。針を外すときは，けがをしないように注意してください。また，表紙カバーや問題用紙の端で手指を傷つけないように十分注意してください。

（6）正誤

制作には万全を期しておりますが，万が一誤りなどがございましたら，弊社までご連絡ください。

なお，誤りが判明した場合は，弊社ウェブサイトの「ご購入者様のページ」に掲載しておりますので，そちらもご確認ください。

■ お問い合わせ

解答例，解説，印刷，製本など，問題集発行におけるすべての責任は弊社にあります。

ご不明な点がございましたら，弊社ウェブサイトの「お問い合わせ」フォームよりご連絡ください。迅速に対応いたしますが，営業日の都合で回答に数日を要する場合があります。

ご入力いただいたメールアドレス宛に自動返信メールをお送りしています。自動返信メールが届かない場合は，「よくある質問」の「メールの問い合わせに対し返信がありません。」の項目をご確認ください。

また弊社営業日（平日）は，午前９時から午後５時まで，電話でのお問い合わせも受け付けています。

2025 春

株式会社教英出版

〒422-8054　静岡県静岡市駿河区南安倍３丁目 12-28

TEL　054-288-2131　　FAX　054-288-2133

URL　https://kyoei-syuppan.net/

MAIL siteform@kyoei-syuppan.net

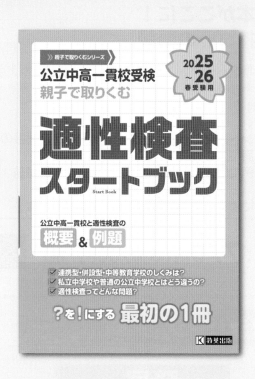

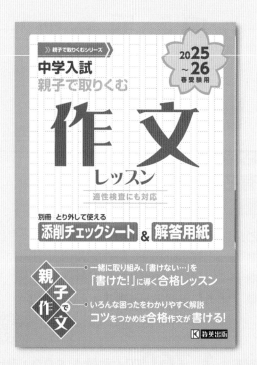

神奈川県

①[県立] 相模原中等教育学校
　　　　平塚中等教育学校
②[市立]南高等学校附属中学校
③[市立]横浜サイエンスフロンティア高等学校附属中学校
④[市立]川崎高等学校附属中学校
✿⑤聖光学院中学校
✿⑥浅野中学校
⑦洗足学園中学校
⑧法政大学第二中学校
⑨逗子開成中学校（1次）
⑩逗子開成中学校（2·3次）
⑪神奈川大学附属中学校（第1回）
⑫神奈川大学附属中学校（第2·3回）
⑬栄光学園中学校
⑭フェリス女学院中学校

新潟県

①[県立] 村上中等教育学校
　　　　柏崎翔洋中等教育学校
　　　　燕中等教育学校
　　　　津南中等教育学校
　　　　直江津中等教育学校
　　　　佐渡中等教育学校
②[市立]高志中等教育学校
③新潟第一中学校
④新潟明訓中学校

石川県

①[県立]金沢錦丘中学校
②星稜中学校

福井県

①[県立]高志中学校

山梨県

①山梨英和中学校
②山梨学院中学校
③駿台甲府中学校

長野県

①[県立] 屋代高等学校附属中学校
　　　　諏訪清陵高等学校附属中学校
②[市立]長野中学校

岐阜県

①岐阜東中学校
②鶯谷中学校
③岐阜聖徳学園大学附属中学校

静岡県

①[国立]静岡大学教育学部附属中学校（静岡·島田·浜松）
② [県立]清水南高等学校中等部
　 [県立]浜松西高等学校中等部
　 [市立]沼津高等学校中等部
③不二聖心女子学院中学校
④日本大学三島中学校
⑤加藤学園暁秀中学校
⑥星陵中学校
⑦東海大学付属静岡翔洋高等学校中等部
⑧静岡サレジオ中学校
⑨静岡英和女学院中学校
⑩静岡雙葉中学校
⑪静岡聖光学院中学校
⑫静岡学園中学校
⑬静岡大成中学校
⑭城南静岡中学校
⑮静岡北中学校
⑯ 常葉大学附属常葉中学校
　 常葉大学附属橘中学校
　 常葉大学附属菊川中学校
⑰藤枝明誠中学校
⑱浜松開誠館中学校
⑲静岡県西遠女子学園中学校
⑳浜松日体中学校
㉑浜松学芸中学校

愛知県

①[国立]愛知教育大学附属名古屋中学校
②愛知淑徳中学校
③ 名古屋経済大学市邨中学校
　 名古屋経済大学高蔵中学校
④金城学院中学校
⑤椙山女学園中学校
⑥東海中学校
⑦南山中学校男子部
⑧南山中学校女子部
⑨聖霊中学校
⑩滝中学校
⑪名古屋中学校
⑫大成中学校
⑬愛知中学校
⑭星城中学校
⑮名古屋葵大学中学校
（名古屋女子大学中学校）
⑯愛知工業大学名電中学校
⑰海陽中等教育学校（特別給費生）
⑱海陽中等教育学校（I·II）
⑲中部大学春日丘中学校
新刊⑳名古屋国際中学校

三重県

①[国立]三重大学教育学部附属中学校
②暁中学校
③海星中学校
④四日市メリノール学院中学校
⑤高田中学校
⑥セントヨゼフ女子学園中学校
⑦三重中学校
⑧皇學館中学校
⑨鈴鹿中等教育学校
⑩津田学園中学校

滋賀県

①[国立]滋賀大学教育学部附属中学校
②[県立] 河瀬中学校
　　　　守山中学校
　　　　水口東中学校

京都府

①[国立]京都教育大学附属桃山中学校
②[府立]洛北高等学校附属中学校
③[府立]園部高等学校附属中学校
④[府立]福知山高等学校附属中学校
⑤[府立]南陽高等学校附属中学校
⑥[市立]西京高等学校附属中学校
⑦同志社中学校
⑧洛星中学校
⑨洛南高等学校附属中学校
⑩立命館中学校
⑪同志社国際中学校
⑫同志社女子中学校（前期日程）
⑬同志社女子中学校（後期日程）

大阪府

①[国立]大阪教育大学附属天王寺中学校
②[国立]大阪教育大学附属平野中学校
③[国立]大阪教育大学附属池田中学校

④[府立]富田林中学校
⑤[府立]咲くやこの花中学校
⑥[府立]水都国際中学校
⑦清風中学校
⑧高槻中学校（A日程）
⑨高槻中学校（B日程）
⑩明星中学校
⑪大阪女学院中学校
⑫大谷中学校
⑬四天王寺中学校
⑭帝塚山学院中学校
⑮大阪国際中学校
⑯大阪桐蔭中学校
⑰開明中学校
⑱関西大学第一中学校
⑲近畿大学附属中学校
⑳金蘭千里中学校
㉑金光八尾中学校
㉒清風南海中学校
㉓帝塚山学院泉ヶ丘中学校
㉔同志社香里中学校
㉕初芝立命館中学校
㉖関西大学中等部
㉗大阪星光学院中学校

兵庫県

①[国立]神戸大学附属中等教育学校
②[県立]兵庫県立大学附属中学校
③雲雀丘学園中学校
④関西学院中学部
⑤神戸女学院中学部
⑥甲陽学院中学校
⑦甲南中学校
⑧甲南女子中学校
⑨灘中学校
⑩親和中学校
⑪神戸海星女子学院中学校
⑫滝川中学校
⑬啓明学院中学校
⑭三田学園中学校
⑮淳心学院中学校
⑯仁川学院中学校
⑰六甲学院中学校
⑱須磨学園中学校(第1回入試)
⑲須磨学園中学校(第2回入試)
⑳須磨学園中学校(第3回入試)
㉑白陵中学校
㉒夙川中学校

奈良県

①[国立]奈良女子大学附属中等教育学校
②[国立]奈良教育大学附属中学校
③[県立]
　国際中学校
　青翔中学校
④[市立]一条高等学校附属中学校
⑤帝塚山中学校
⑥東大寺学園中学校
⑦奈良学園中学校
⑧西大和学園中学校

和歌山県

①[県立]
　古佐田丘中学校
　向陽中学校
　桐蔭中学校
　日高高等学校附属中学校
　田辺中学校
②智辯学園和歌山中学校
③近畿大学附属和歌山中学校
④開智中学校

岡山県

①[県立]岡山操山中学校
②[県立]倉敷天城中学校
③[県立]岡山大安寺中等教育学校
④[県立]津山中学校
⑤岡山中学校
⑥清心中学校
⑦岡山白陵中学校
⑧金光学園中学校
⑨就実中学校
⑩岡山理科大学附属中学校
⑪山陽学園中学校

広島県

①[国立]広島大学附属中学校
②[国立]広島大学附属福山中学校
③[県立]広島中学校
④[県立]三次中学校
⑤[県立]広島叡智学園中学校
⑥[市立]広島中等教育学校
⑦[市立]福山中学校
⑧広島学院中学校
⑨広島女学院中学校
⑩修道中学校
⑪崇徳中学校
⑫比治山女子中学校
⑬福山暁の星女子中学校
⑭安田女子中学校
⑮広島なぎさ中学校
⑯広島城北中学校
⑰近畿大学附属広島中学校福山校
⑱盈進中学校
⑲如水館中学校
⑳ノートルダム清心中学校
㉑銀河学院中学校
㉒近畿大学附属広島中学校東広島校
㉓AICJ中学校
㉔広島国際学院中学校
㉕広島修道大学ひろしま協創中学校

山口県

①[県立]
　下関中等教育学校
　高森みどり中学校
②野田学園中学校

徳島県

①[県立]
　富岡東中学校
　川島中学校
　城ノ内中等教育学校
②徳島文理中学校

香川県

①大手前丸亀中学校
②香川誠陵中学校

愛媛県

①[県立]
　今治東中等教育学校
　松山西中等教育学校
②愛光中学校
③済美平成中等教育学校
④新田青雲中等教育学校

高知県

①[県立]
　安芸中学校
　高知国際中学校
　中村中学校

福岡県

①[国立]福岡教育大学附属中学校（福岡·小倉·久留米）

②[県立]
- 育徳館中学校
- 門司学園中学校
- 宗像中学校
- 嘉穂高等学校附属中学校
- 輝翔館中等教育学校

③西南学院中学校
④上智福岡中学校
⑤福岡女学院中学校
⑥福岡雙葉中学校
⑦照曜館中学校
⑧筑紫女学園中学校
⑨敬愛中学校
⑩久留米大学附設中学校
⑪飯塚日新館中学校
⑫明治学園中学校
⑬小倉日新館中学校
⑭久留米信愛中学校
⑮中村学園女子中学校
⑯福岡大学附属大濠中学校
⑰筑陽学園中学校
⑱九州国際大学付属中学校
⑲博多女子中学校
⑳東福岡自彊館中学校
㉑八女学院中学校

佐賀県

①[県立]
- 香楠中学校
- 致遠館中学校
- 唐津東中学校
- 武雄青陵中学校

②弘学館中学校
③東明館中学校
④佐賀清和中学校
⑤成穎中学校
⑥早稲田佐賀中学校

長崎県

①[県立]
- 長崎東中学校
- 佐世保北中学校
- 諫早高等学校附属中学校

②青雲中学校
③長崎南山中学校
④長崎日本大学中学校
⑤海星中学校

熊本県

①[県立]
- 玉名高等学校附属中学校
- 宇土中学校
- 八代中学校

②真和中学校
③九州学院中学校
④ルーテル学院中学校
⑤熊本信愛女学院中学校
⑥熊本マリスト学園中学校
⑦熊本学園大学付属中学校

大分県

①[県立]大分豊府中学校
②岩田中学校

宮崎県

①[県立]五ヶ瀬中等教育学校

②[県立]
- 宮崎西高等学校附属中学校
- 都城泉ヶ丘高等学校附属中学校

③宮崎日本大学中学校
④日向学院中学校
⑤宮崎第一中学校

鹿児島県

①[県立]楠隼中学校
②[市立]鹿児島玉龍中学校
③鹿児島修学館中学校
④ラ・サール中学校
⑤志學館中等部

沖縄県

①[県立]
- 与勝緑が丘中学校
- 開邦中学校
- 球陽中学校
- 名護高等学校附属桜中学校

もっと過去問シリーズ

北海道

北嶺中学校
7年分(算数・理科・社会)

静岡県

静岡大学教育学部附属中学校
(静岡·島田·浜松)
10年分(算数)

愛知県

愛知淑徳中学校
7年分(算数・理科・社会)
東海中学校
7年分(算数・理科・社会)
南山中学校男子部
7年分(算数・理科・社会)
南山中学校女子部
7年分(算数・理科・社会)
滝中学校
7年分(算数・理科・社会)
名古屋中学校
7年分(算数・理科・社会)

岡山県

岡山白陵中学校
7年分(算数・理科)

広島県

広島大学附属中学校
7年分(算数・理科・社会)
広島大学附属福山中学校
7年分(算数・理科・社会)
広島学院中学校
7年分(算数・理科・社会)
広島女学院中学校
7年分(算数・理科・社会)
修道中学校
7年分(算数・理科・社会)
ノートルダム清心中学校
7年分(算数・理科・社会)

愛媛県

愛光中学校
7年分(算数・理科・社会)

福岡県

福岡教育大学附属中学校
(福岡·小倉·久留米)
7年分(算数・理科・社会)
西南学院中学校
7年分(算数・理科・社会)
久留米大学附設中学校
7年分(算数・理科・社会)
福岡大学附属大濠中学校
7年分(算数・理科・社会)

佐賀県

早稲田佐賀中学校
7年分(算数・理科・社会)

長崎県

青雲中学校
7年分(算数・理科・社会)

鹿児島県

ラ·サール中学校
7年分(算数・理科・社会)

※もっと過去問シリーズは国語の収録はありません。

教英出版
〒422-8054
静岡県静岡市駿河区南安倍3丁目12－28
TEL 054-288-2131
FAX 054-288-2133
詳しくは教英出版で検索
教英出版 検索
URL https://kyoei-syuppan.net/

令和六年度　中学校入学試験問題Ⅰ

比治山女子中学校

国　語

（40分）

「始め」の合図があるまでは問題を開いてはいけません。

注意

一、「始め」の合図で始め、「やめ」の合図で、すぐにやめなさい。

二、この問題は表紙もいれて、1ページから8ページまであります。試験開始の合図があったら、中をたしかめ、印刷のはっきりしないものや、ページのたりないものがあったら、すぐに申し出なさい。

三、答えは、すべて解答用紙の決められたところに、指示された方法で答えなさい。

四、受験番号は全て数字で書きなさい。

次の文章を読んで、後の問いに答えなさい。　※句読点・記号は一字に数えます。

たくさんのものを用意しておく「多様性」。これが自然界に生きる生物のaセンリャクである。

私たち人間も多様性は重要だと知っている。個性が大事だとも思う。

ところが、①問題がある。

人間の脳には限界がある。そのため、人間の脳は、自然界に起こる複雑なものを、できるだけ単純化することで理解する仕組みを発達させてきた。

そのため、人間の脳は、本当は複雑なものが苦手なのである。

第3章でも述べたが、そんな人間の脳が大好きなことの一つが、線を引いて区別することである。

［Ⅰ］、虹《にじ》は紫《むらさき》色から赤色までのグラデーションである。しかし、それでは気持ちがbワルいから、途中《とちゅう》で線を引いて区別をして、虹は七色と決めている。そうすれば、虹を（　A　）しやすいし、絵で描《か》くときも描きやすくなる。線を引いて区別することで扱《あつか》いやすくなるのだ。

何の境目がない大地にも、自分の土地とそうでない土地に境界を作る。市町村の境を作り、都道府県の境を作り、国と国の境も作る。「地球出身の地球人です」というより、「私は日本人で、あなたはアメリカ人」だとか「私は東京にcスんでいて、大阪を旅行してきました」と言うほうがわかりやすい。こうして区別することで、人間にとってはわかりやすくなり、扱いやすくなるのだ。

「区別すること」は、人間の脳が理解するために人間が作り出した仕組みである。

人間はサルから進化したとされているが、サルのお母さんから、いきなり人間の赤ちゃんが生まれたわけではない。サルと人間の境目はないのだ。すべての生命はルカとdヨばれる最初の生命体を共通eソセンに持つという。そうだとすると、すべての生物に境目はない。動物と植物との間にも、何の境目もないことになる。

②本当は何の境目もないのだ。

しかし、「動物と植物は同じです」では人間の脳はｆナットクできない。「〔　X　〕」ではｇ不都合だから、「動物園に行ってキリンを見て帰ってから、植物に水をやって、魚を食べました」と生き物を区別する。線を引いて区別することで、人間の脳にとっては、（　B　）理解しやすくなり、（　B　）扱いやすくなるのだ。

他にも、人間の脳が好きなことがある。

先にも書いたようにそれは比べることだ。

〔　Y　〕

(1) 基準となるものさしがあれば、遠く離《はな》れた果物でも比較《ひかく》することができる。さらには、数字で表わせば、さまざまな果物の大きさを比べることができる。

(2) しかし、果物は二つを並べてみなければ比べにくいし、枝までの距離《きょり》は、枝の数が多くなると、どれが近いか、わからない。

(3) サルであれば、二つの果物を比べて大きい方を食べることもあるだろうし、二つの枝を比べて、より近い方に跳《と》び移るということもあるだろう。

(4) そこで人間は、よりよく比べるために、すごいものを発明した。それが「ものさし」と「数字」である。

(5) たとえば動物だって、比べることはある。

この「ものさし」と「数字」は、とても便利である。「ものさし」と「数字」の発明によって、人間の脳は、自然界のあらゆるものを理解することが可能になり、文明や文化を発達させることができるようになった。

もう人間にとって、「ものさし」と「数字」は、ｈテバナすことのできないものだ。

これさえあれば、何でも理解することができる。

（　C　）、「ものさし」と「数字」さえあれば、人間はわかった気になることができるのである。

私たち人間の世界は、線を引き区別をし、ものさしと数字で比べることで作られた。

こうして、③私たちは発達をしてきたのだ。

Ⅱ、自然界の生物はばらつきたがる。均一にそろってしまうと、全滅《ぜんめつ》してしまう恐《おそ》れがあるからだ。答えのないものには、たくさんの選択肢《せんたくし》を用意しておきたい。④それが、生物のセンリャクである。Ⅲ、生物はi努めてそろわない。

ロボットのように、同じものばかりが作られるということはない。

野菜は植物だから、大きいダイコンや小さいダイコンができる。太いダイコンも細いダイコンもある。長いダイコンも短いダイコンもある。

しかし、人間の世界ではそれでは不便である。

だから⑤人間は、ダイコンの大きさをそろえようとする。

そして、同じ大きさのダイコンを作り、同じ大きさのダイコンを箱詰《はこづ》めして、同じ値段をつけて野菜売り場に並べるのである。

生物は多様性を求めてばらつきたがるのに、人間は均一を求めてそろえたがるのだ。

もっとも、野菜は人間が守ってくれるから全滅するようなことは起きにくい。

野菜にとっては、人間が求めるものが「答え」である。

そのため、人間の品種jカイリョウや栽培《さいばい》技術にしたがって、均一にそろうような性質を発達させている。

野菜たちは、それでいい。

しかし、他にも人間の作りだした世界の枠組《わくぐ》みに合わせて暮らしている生物がいる。

その一種が人間である。

人間も生物だから、ばらつきたがる。そして、個性もある。

しかし、人間の脳はそろえたがる。

問い

一　〰〰部a～jについて、カタカナは漢字になおし、漢字はひらがなで読みを書きなさい。

二　══部ア～エの「に」の内、言葉の働きの異なるものを一つ選び、記号で答えなさい。

三　［　Ⅰ　］～［　Ⅲ　］には体に関わる語が入る。それぞれ漢字一字で答えなさい。

四　――部①「ろくろく」⑦「茫然として」の本文中における意味として、もっともふさわしいものを選び、記号で答えなさい。

①　ろくろく　**ア**　気をつかって　**イ**　四六時中　**ウ**　残念なことに　**エ**　満足に

⑦　茫然として　**ア**　驚いて身動きもできずに　**イ**　悲しみに打ちひしがれて
ウ　気が抜《ぬ》けてぼんやりして　**エ**　他に気を取られてしまい

五　――部②「いつしか二人は仲よしになってしまいました。」とありますが、そうなった理由を本文中から二つ、それぞれ三十字以内で抜き出し、最初と最後の三字を書きなさい。ただし、解答の順番は問いません。

六　――部③「二人は申し合わせたように起きました。」とありますが、どうして「二人」は「起き」たのですか。本文中の言葉を使って、二十字以内で説明しなさい。

七　――部④「ちょうどそのころ、この二つの国は、なにかの利益問題から、戦争を始めました。」について、

(1)　この表現から読み取れる、この物語の語り手の「戦争」についての考えとして、もっともふさわしいものを次から選び、記号で答えなさい。

ア　戦争というのは、個々の人々の思いとは関係ないところで始まるものである。
イ　戦争というのは、私たち人間にとって避《さ》けることのできない宿命なのである。
ウ　戦争というのは、回避《かいひ》すべきで、人々は戦争反対をさけび続けるべきである。
エ　戦争というのは、いつだって弱者が犠牲《ぎせい》となってしまう、悲惨《ひさん》なものである。

(2)　「二つの国」が「戦争を始め」たことについて、この展開を暗示するような仕掛《しか》けが本文中のある会話文の中にあります。その一文を抜き出し、最初の三字を書きなさい。

八　――部⑤「殺してください。」について、何のために「老人」はこのようなことを言ったのですか、本文中の言葉を使って六十字以内で説明しなさい。

九　――部⑥「どうして私とあなたとが敵どうしでしょう。」とありますが、この時の「青年」の心情の説明としてもっともふさわしいものを次から選び、記号で答えなさい。

ア　「老人」と自分は敵同士であることを考えまいと、現実逃避《とうひ》している。
イ　なぜ「老人」と自分が敵同士であるといえるのか、疑問に感じている。
ウ　「老人」と自分が敵同士であるなんてあり得ないと強く反発している。
エ　「老人」と自分とが敵同士になってしまったことを嘆《なげ》き悲しんでいる。

十　本文中の「野ばら」を含《ふく》む部分の表現について、生徒たちが話し合っています。この中で明らかに間違《まちが》っていることを述べていると考えられる者を一人選び、その名を答えなさい。

桜井　二人の出会いの場面で「ちょうど、国境のところには、だれが植えたということもなく、ヒトカブの野ばらがしげっていました。その花には、朝早くからみつばちが飛んできて集まっていました。」とあるけど、とてものどかな様子で、二人の交流の始まりもあたたかなものになることを予見させるね。

藤木《ふじき》　二人が将棋を差す場面の後で「小鳥はこずえの上で、おもしろそうに唄っていました。白いばらの花からは、よい香りを送ってきました。」とありますが、ここでは二人の雰囲気《ふんいき》とこの情景が重なっていますよね。さらにこの描写《びょうしゃ》は視覚だけでなく聴覚《ちょうかく》や嗅覚《きゅうかく》にもうったえるものになっています。

萩原《はぎわら》　「青年」が戦地に赴《おもむ》き、「老人」一人が取り残された場面でも「ばらの花が咲いて、みつばちは、日が上がると、暮れるころまで群がっています。」と、これまでと変わらないような自然の描写が続いています。戦争という人の手によるものがあっても、自然の営みはそれとは全く関係なくそこに在り続ける、ということかもしれませんね。

菊田《きくた》　「老人」が、「青年」が戦死したことを暗示するような夢を見たのち、「それから一月ばかりしますと、野ばらが枯れてしまいました。」とあります。これは野ばらが「老人」の命の象徴《しょうちょう》になっていて、おそらく「青年」の後を追うかのように「老人」もすぐに亡くなってしまうということがほのめかされているんだね。

十一　――部⑧「その年の秋、老人は南の方へ暇をもらって帰りました。」とありますが、この一文は作者がのちに書き加えたそうです。物語の展開上、あなたはこの一文は必要だと思いますか。あなたの意見とそう思う理由を次の条件に従って書いてください。

・二文以上で書くこと。
・最初の一文目に自分の意見をはっきりと述べること。

問3	

問4		問5		問6	

問7		問8		問9		問10	

3

問1	

問2	A		B		C		D	

受験番号		名前		得点	※50点満点 （配点非公表）

(1)		(2)		(3)	
(4)				(5)	

4

(1)				(2)	
(3)		(4)		(5)	

受験番号		名前		得点	※50点満点 （配点非公表）

4

(1)	毎分　　　　m	(2)	分後	(3)	m

5

ア	人	イ	人

6

(1)		(2)		(3)	

受験番号		名前		得点	※100点満点 （配点非公表）

国語

令和六年度　中学校入学試験問題Ⅰ　解答用紙

受験番号

名前

得点

※100点満点
（配点非公表）

一
a
b　い
c　んで
d　ばれる
e
f
g
h　す
i　めて
j

二
A
B
C

三
Ⅰ
Ⅱ
Ⅲ

四

五

六

七

八
一つ目
二つ目

九

令和六年度　中学校入学試験問題Ⅱ

国　語

（40 分）

「始め」の合図があるまでは問題を開いてはいけません。

注意

一、「始め」の合図で始め、「やめ」の合図で、すぐにやめなさい。

二、この問題は表紙もいれて、1ページから7ページまであります。試験開始の合図があったら、中をたしかめ、印刷のはっきりしないものや、ページのたりないものがあったら、すぐに申し出なさい。

三、答えは、すべて解答用紙の決められたところに、指示された方法で答えなさい。

四、受験番号は全て数字で書きなさい。

次の文章を読んで、後の問いに答えなさい。　※句読点・記号は字数に含みます。

大きな国と、それよりはすこし小さな国とが隣《とな》り合っていました。ａトウザ、その二つの国の間には、なにごとも起こらず平和でありました。

ここは都から遠い、国境であります。そこにはｂリョウホウの国から、ただ一人ずつの兵隊が派遣《はけん》されて、国境を定めた石碑《せきひ》を守っていました。大きな国の兵士は老人でありました。そうして、小さな国の兵士は青年でありました。

二人は、石碑の建っている右と左に番をしていました。いたってさびしい山でありました。そして、まれアにしかその辺を旅する人影《ひとかげ》は見られなかったのです。

初め、たがいイに顔を知り合わない間は、二人は敵か味方かというような感じがして、①ろくろくものもいいませんでしたけれど、②いつしか二人は仲よしになってしまいました。二人は、ほかに話をする相手もなく退屈《たいくつ》であったからであります。そして、春の日は長く、うららかウに、頭の上に照り輝《かがや》いているからでありました。

ちょうど、国境のところには、だれが植えたということもなく、ｃヒトカブの野ばらがしげっていました。その花には、朝早くからみつばちが飛んできて集まっていました。そのｄ快い羽音が、まだ二人の眠《ねむ》っているうちから、夢心地《ここち》に耳に聞こえました。

「どれ、もう起きようか。あんなエにみつばちがきている。」と、③二人は申し合わせたように起きました。そして外へ出ると、はたして、太陽は木のこずえの上に元気よく輝いていました。

二人は、岩間からわき出る清水で口をすすぎ、顔を洗いにまいりますと、顔を合わせました。

「やあ、おはよう。いい天気でございますな。」

「ほんとうにいい天気です。天気がいいと、気持ちがせいせいします。」

二人は、そこでこんな立ち話をしました。たがいに、頭を上げて、あたりの景色をながめました。毎日見ている景色でも、新しい感じを見る度《たび》に心に与《あた》えるものです。

青年は最初将棋《しょうぎ》の歩み方を知りませんでした。けれど老人について、それを教わりましてから、このごろはのどかな昼ごろには、二人は毎日向かい合って将棋を差していました。

初めのうちは、老人のほうがずっと強くて、注駒《こま》を落として差していましたが、しまいにはあたりまえに差して、老人が負かされることもありました。

この青年も、老人も、いたっていい人々でありました。二人ともｅショウジキで、しんせつでありました。二人はいっしょうけんめいで、将棋盤《ばん》の上で争っても、心は打ち解けていました。

「やあ、これは俺《おれ》の負けかいな。こう逃《に》げつづけでは苦しくてかなわない。ほんとうの戦争だったら、どんなだかしれん。」と、老人はいって、大きな口を開けて笑いました。

青年は、また勝ちみがあるのでうれしそうな顔つきをして、いっしょうけんめいに［　Ｉ　］を輝かしながら、相手の王さまを追っていました。

小鳥はこずえの上で、おもしろそうに唄《うた》っていました。白いばらの花からは、よい香りを送ってきました。

冬は、やはりその国にもあったのです。寒くなると老人は、南の方を恋《こい》しがりました。

その方には、せがれや、ｆマゴが住んでいました。

「早く、暇《ひま》をもらって帰りたいものだ。」と、老人はいいました。

「あなたがお帰りになれば、知らぬ人がかわりにくるでしょう。やはりしんせつな、やさしい人ならいいが、敵、味方というような考えをもった人だとｇコマります。どうか、もうしばらくいてください。そのうちには、春がきます。」と、青年はいいました。

やがて冬が去って、また春となりました。④ちょうどそのころ、この二つの国は、なにかの利益問題から、戦争を始めました。そうしますと、これまで毎日、仲むつまじく、暮らしていた二人は、敵、味方の間柄《あいだがら》になったのです。それがいかにも、ｈフシギなことに思われました。

「さあ、おまえさんと私は今日から敵どうしになったのだ。私はこんなに老いぼれていても少佐だから、私の首を持ってゆけば、あなたは出世ができる。だから⑤殺してください。」と、老人はいいました。

　これを聞くと、青年は、あきれた顔をして、

「なにをいわれますか。⑥どうして私とあなたとが敵どうしでしょう。私の敵は、ほかになければなりません。戦争はずっと北の方で開かれています。私は、そこへいって戦います。」と、青年はいい残して、去ってしまいました。

　国境には、ただ一人老人だけが残されました。青年のいなくなった日から、老人は、⑦茫然《ぼうぜん》として日を送りました。野ばらの花が咲《さ》いて、みつばちは、日が上がると、暮れるころまで群がっています。いま戦争は、ずっと遠くでしているので、たとえ［　Ⅱ　］を澄《す》ましても、空をながめても、鉄砲《てっぽう》の音も聞こえなければ、黒い煙《けむり》の影すら見られなかったのであります。老人はその日から、青年の［　Ⅲ　］の上を案じていました。日はこうしてたちました。

　ある日のこと、そこを旅人がｉ通りました。老人は戦争について、どうなったかとたずねました。すると、旅人は、小さな国が負けて、その国の兵士はみなごろしになって、戦争は終わったということを告げました。

　老人は、そんなら青年も死んだのではないかと思いました。そんなことを気にかけながら石碑の礎《いしずえ》に腰《こし》をかけて、うつむいていますと、いつか知らず、うとうとと居眠りをしました。かなたから、おおぜいの人のくるけはいがしました。見ると、一列の軍隊でありました。そして馬に乗ってそれをｊシキするのは、かの青年でありました。その軍隊はきわめて静粛《せいしゅく》で声ひとつたてません。やがて老人の前を通るときに、青年は黙礼《もくれい》をして、ばらの花をかいだのでありました。

　老人は、なにかものをいおうとすると目がさめました。それはまったく夢であったのです。それから一月《ひとつき》ばかりしますと、野ばらが枯《か》れてしまいました。⑧その年の秋、老人は南の方へ暇をもらって帰りました。

（小川未明《おがわみめい》「野ばら」）

注　駒を落とす…将棋の対局時、実力差が大きい場合に、実力のある側の手持ちの駒を減らすこと。

令和６年度　中学校入学試験問題Ⅰ　解答用紙

社　会

1

問1	記号		特徴			
問2						
問3		問4			問5	
問6		問7		問8		

【解答

令和６年度　中学校入学試験問題Ⅰ　解答用紙

理科

1

(1)			(2)		
(3)		(4)	①	②	
(5)	ア		ウ		

2

(1)	→ 　→ 　ウ　→			(2)	
(3)		(4)		(5)	

【解答

令和６年度　中学校入学試験問題Ⅰ　解答用紙

算数

1

(1)		(2)	
(3)		(4)	

2

(1)	円	(2)	g	(3)	時速　　　km
(4)	歳	(5)	点	(6)	

【解答

十二

十三

150

200

多様性が大事だ、個性が大切だとわかっているつもりでも、本当は個性なんかない方が理解しやすいと脳は感じている。
だから、人間の個性はやっかいなのだ。

（出典　稲垣栄洋《いながきひでひろ》『ナマケモノは、なぜ怠《なま》けるのか？――生き物の個性と進化のふしぎ』ちくまプリマー新書）

問い

一　〰〰部a～jについて、カタカナを漢字に直し、漢字の読みをひらがなで書きなさい。

二　（　）部A～Cにあてはまる語として最もふさわしいものを、次のア～エからそれぞれ一つずつ選び、記号で答えなさい。

A　ア　再現　　イ　認識　　ウ　象徴《しょうちょう》　　エ　発達

B　ア　全く　　イ　格段に　　ウ　特別に　　エ　何となく

C　ア　少なくとも　　イ　かえって　　ウ　全然　　エ　特に

三　□部Ⅰ～Ⅲにあてはまる語として最もふさわしいものを、次のア～エからそれぞれ一つずつ選び、記号で答えなさい。

Ⅰ　ア　たとえば　　イ　しかし　　ウ　そこで　　エ　もっとも

Ⅱ　ア　むしろ　　イ　そして　　ウ　では　　エ　一方

Ⅲ　ア　けれども　　イ　さて　　ウ　だから　　エ　または

四　――部①「問題がある」とありますが、どのような問題ですか。その説明として最もふさわしいものを、次のア～エから一つ選び、記号で答えなさい。

ア　人間は、自然界に起こる様々な物事を、違いによって分けたり比較したりしているが、それが人間の脳に負担をかけているという問題。

イ　人間の脳は、様々に入り組んだ物事を、なるべく簡単にすることで理解できるようにしてきたため、難しいことが不得意だという問題。

ウ　人間は、その「多様性」や「個性」を、できるだけ均一にすることで発達してきたため、自然界では生き残ることが難しいという問題。

エ　人間の脳は、この世界の複雑な物事を、単純化することで理解しようとしているが、それにより人間の脳が衰《おとろ》えているという問題。

五　――部②「本当は何の境目もないのだ」とありますが、この文の主語と述語の組み合わせとして最もふさわしいものを、次のア～エのうちから一つ選び、記号で答えなさい。

i 本当は　ii 何の　iii 境目も　iv ないのだ。

ア　主語＝i　述語＝iii　　イ　主語＝i　述語＝iv　　ウ　主語＝ii　述語＝iii　　エ　主語＝iii　述語＝iv

六　〔　〕部Xに入る文として最もふさわしいものを、次のア～エから一つ選び、記号で答えなさい。

ア　生き物園に行って、生き物を見て、帰ってから生き物に水をやって、生き物を食べました

イ　植物園に行って、植物を見て、帰ってから植物に水をやって、植物を食べました

ウ　動物園に行って、動物を見て、帰ってから植物に水をやって、動物を食べました

エ　あそこに行って、あれを見て、帰ってからそこに水をやって、これを食べました

七　〔　　〕部Yの文章を正しい順番に並べ替えたものとして、最もふさわしいものを次のア～エから一つ選び、記号で答えなさい。

ア　(2)→(4)→(5)→(1)→(3)　　イ　(5)→(1)→(4)→(3)→(2)　　ウ　(5)→(3)→(2)→(4)→(1)　　エ　(2)→(1)→(4)→(5)→(3)

八　――部③「私たちは発達をしてきたのだ」とありますが、人間が発達するために行ったことを、本文中から五字程度で二つ抜き出しなさい。ただし、解答の順番は問いません。

九　――部④「それ」が指す内容を、本文中の言葉を用いて四十字以内で説明しなさい。

十　――部⑤「人間は、ダイコンの大きさをそろえようとする」とありますが、それはなぜですか。本文中の言葉を用いて二十五字以内で説明しなさい。

十一　本文の内容を説明したものとして最もふさわしいものを、次のア～エから一つ選び、記号で答えなさい。

ア　人間は野菜の多様性を奪《うば》い、栽培技術によって均一にそろうような性質を発達させているが、それにより環境に悪影響を与えている。

イ　答えのないものに対して、たくさんの選択肢を用意しておくという多様性が、人間が全滅しないために最も重要なことである。

ウ　人間も他の生物と同じように個性があるが、人間の脳は複雑なものが苦手で、個性のようなばらつきを理解することが難しい。

エ　人間は「ものさし」と「数字」を使って互いを比較することで、それぞれが持つ個性や人間の多様性を明らかにしようとしている。

十二　現代社会では、「個性」や「多様性」の尊重が必要だといわれていますが、あなたが「個性」や「多様性」を尊重するために大切だと思うことは何ですか。次の条件に従って、文章で説明しなさい。

①　百五十字以上二百字以内で書く。

②　「個性や多様性を尊重するために大切なことは」と書き始めて、自分の意見を書く。

③　②のように考える理由を書く。

令和６年度　中学校入学試験問題Ⅱ

算　　　　数

（４０分）

「始め」の合図があるまでは問題を開いてはいけません。

注意

1.「始め」の合図で始め、「やめ」の合図で、すぐにやめなさい。

2.　この問題は表紙もいれて、１ページから６ページまであります。試験開始の合図があったら、中をたしかめ、印刷のはっきりしないものや、ページのたりないものがあったら、すぐに申し出なさい。

3.　答えは、すべて解答用紙の決められたところに、指示された方法で答えなさい。

4.　受験番号は全て数字で書きなさい。

1 次の計算をしなさい。

(1) $323 - 254$

(2) $75 + 25 \div 5 - 20$

(3) $3.21 - 1.56 + 4.3$

(4) $43 - \{5 + (16 - 5 \times 3)\} \div 6$

(5) $1\frac{1}{6} \div \left(\frac{1}{4} + \frac{1}{3}\right) - 1\frac{1}{5}$

2 次の□にあてはまる数を求めなさい。

(1) 次の3つの数 $\frac{3}{4}$、$\frac{5}{7}$、0.72の中で一番大きい数は□です。

(2) 1200円は6000円の□%になります。

(3) 5回のテストが88点、92点、□点、76点、82点であったときの平均点は86点でした。

(4) 12.5 kgの米を1.8 kgずつ袋に分けたとき、□袋できて米が□kgあまります。

(5) Aさんがあめを14個、Bさんは38個持っています。BさんがAさんにあめを□個あげるとAさんとBさんのあめの数が同じになります。

(6)　プリン2個とゼリーを6個買うと720円でした。ゼリーを4個にするとプリン2個とあわせて560円になりました。

このとき、ゼリー1個は□円になります。

(7)　次のように、長方形の紙を折り曲げてできる角①の大きさは□度です。

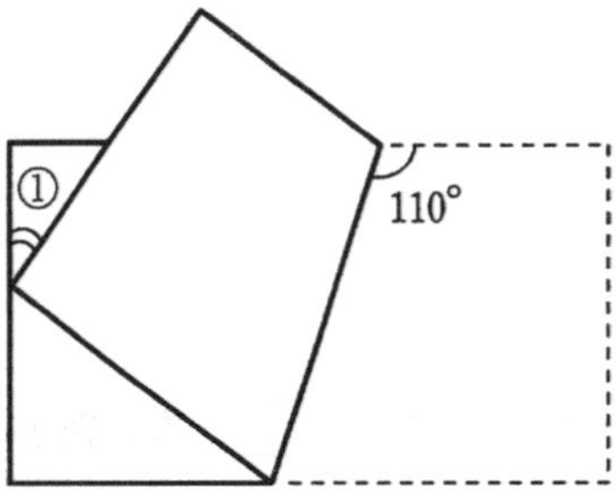

(8)　下の図は、半円の中に大きさの異なる半円を2つかいたものです。しゃ線部分の面積は□㎠になります。

ただし、円周率は3.14とします。

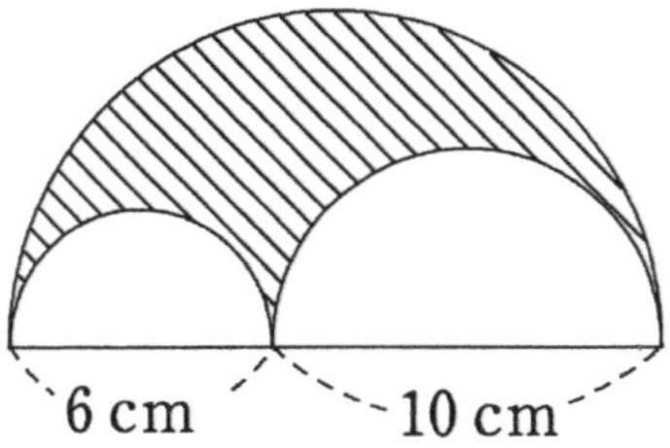

令和六年度　中学校入学試験問題Ⅱ　解答用紙

国語

受験番号
名　前
得　点

※100点満点
（配点非公表）

一

a	b	c	d	e
			い	

f	g	h	i	j
	り		り	

二

三

Ⅰ	Ⅱ	Ⅲ

四

①	⑦

五

一つ目　〜

二つ目　〜

六

3	(1)	人	(2)	%	(3)	番目

4	(1)	個	(2)	個	(3)	個

5

個
〈求め方〉

受験番号		名前		得点	※100点満点 （配点非公表）

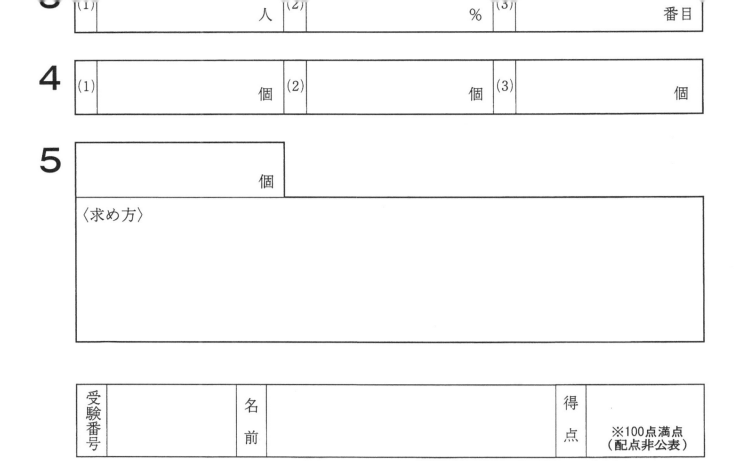

令和６年度　中学校入学試験問題Ⅱ　解答用紙

算　数

1

(1)		(2)		(3)	
(4)		(5)			

2

(1)		(2)	%	(3)	点
(4)	袋 / kg			(5)	個
(6)	円	(7)	度	(8)	cm^2

十一	十	九	八

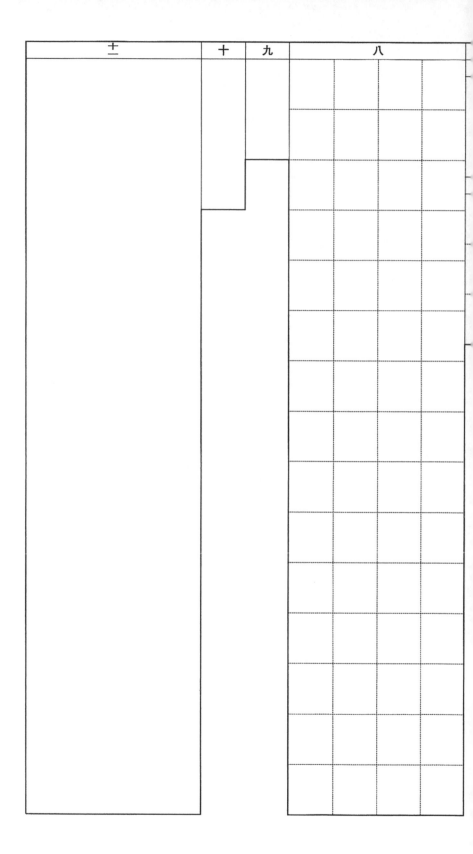

3

次の柱状グラフは、あるクラスのうで立てふせの記録です。このグラフから、例えば15回以上20回未満の人は3人いることが読み取れます。次の問いに答えなさい。

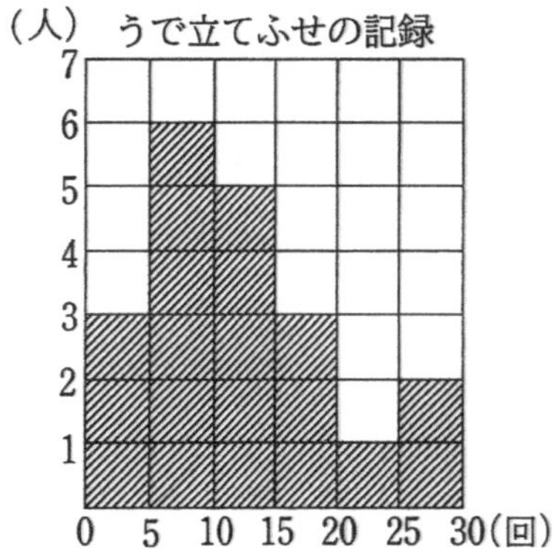

(1) このクラスは何人ですか。

(2) 10回以上の人は、全体の何%ですか。

(3) このクラスの桜子さんのうで立てふせの記録が14回でした。
桜子さんは上位から数えて何番目ですか。

4

4枚のカード [5]、[6]、[6]、[9] を使って4けたの整数を作ります。次の問いに答えなさい。

(1) 全部で何個の整数ができますか。

(2) 奇数は何個できますか。

(3) 6700より大きい整数は何個できますか。

5 黒いご石と白いご石をきまりにしたがって左からならべていきました。

○●○○●●○○●●●○○●●●●○○●・・・

白いご石を 20 個置いたとき、そこまでにならべた黒いご石は全部で何個ですか。
また、求め方を説明しなさい。

（メモ用紙）

6　[はじめの置き方] のように正方形のマス目に合わせてさいころを置きます。すべての問題はこの置き方からはじめます。
[転がし方の例] のように、マス目の矢印に従ってさいころを転がし、上面にきた目の和を求めます。以下の問いに答えなさい。

[はじめの置き方]

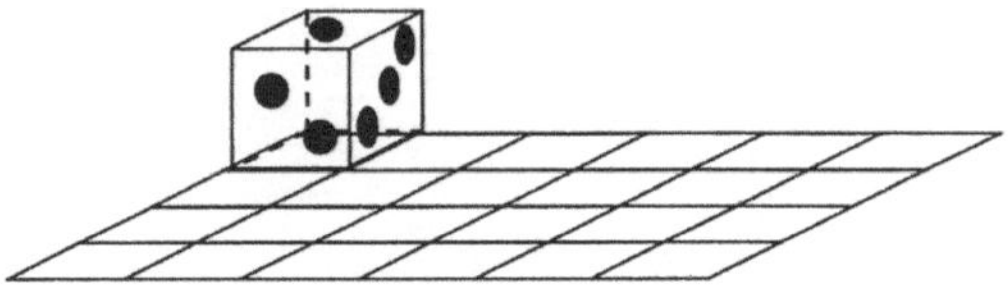

[転がし方の例] 2 × 2 のマス目

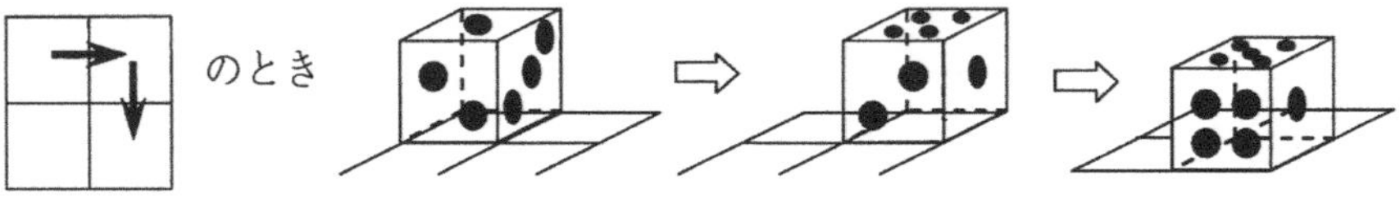

1 + 4 + 5 = 10　となります。

(1)　1 × 5 のマス目を以下のように動かしました。上面にきた目の和を求めなさい。

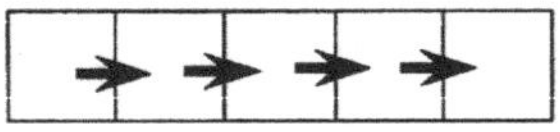

(2)　4 × 4 のマス目を以下のように動かしました。上面にきた目の和を求めなさい。

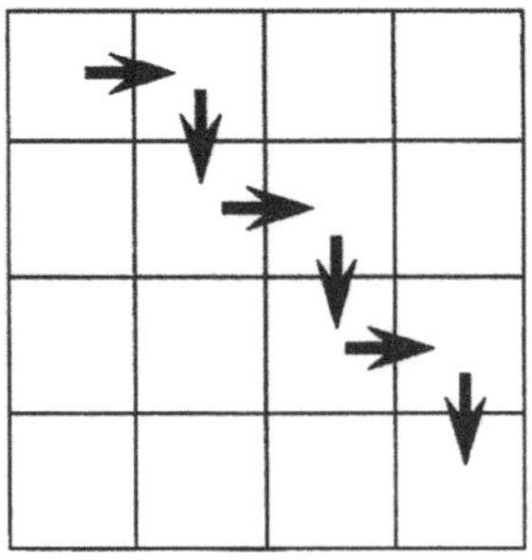

(3) 20 × 20 のマス目を以下のように動かしました。上面にきた目の和を求めなさい。

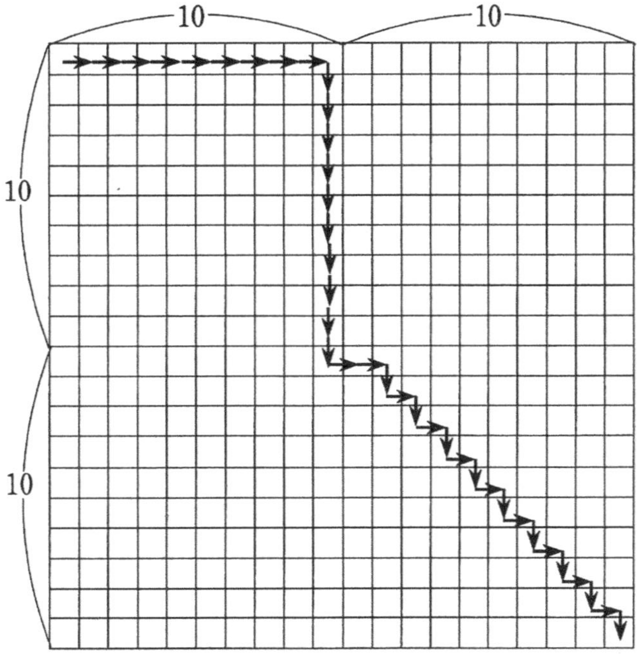

令和６年度　中学校入学試験問題Ⅰ

算　　　　数

（４０分）

「始め」の合図があるまでは問題を開いてはいけません。

注意

1. 「始め」の合図で始め、「やめ」の合図で、すぐにやめなさい。
2. この問題は表紙もいれて、１ページから９ページまであります。試験開始の合図があったら、中をたしかめ、印刷のはっきりしないものや、ページのたりないものがあったら、すぐに申し出なさい。
3. 答えは、すべて解答用紙の決められたところに、指示された方法で答えなさい。
4. 受験番号は全て数字で書きなさい。

1 次の計算をしなさい。

(1) $(5 \times 5 - 4 \times 4) - 3 \times 4 \div 6$

(2) $\frac{1}{2} \times \frac{1}{3} + \frac{1}{3} \times \frac{1}{4} + \frac{1}{4} \times \frac{1}{5}$

(3) $0.5 \times \frac{6}{7} + 0.25 \times \frac{4}{7} + 0.375 \times \frac{8}{7}$

(4) $4 \times \{6 \times (42 - 3) + 16 \times 17\}$

2 次の□に入る数を答えなさい。

(1) 定価 2000 円の 2 割は□円です。

(2) 5 %の食塩水□ g に含まれる食塩は 9 g です。

(3) 75 km の道のりを時速□ km の速さで進むと 1 時間 30 分かかります。

(4) 私の妹は現在 10 歳で、母は□歳です。4 年後には母の年齢は妹の 3 倍になります。

(5) 5 回の算数の試験があります。1 回目から 4 回目までの成績はそれぞれ、62 点、58 点、72 点、83 点でした。5 回目のテストで□点をとると、5 回の得点の平均は 70 点となります。

(6) 4 と 6 のどちらで割っても 2 余る 2 けたの整数のうち、最も大きい整数は□です。

3 次の問いに答えなさい。

(1) 右の図は半径4 cmの円と、頂点がすべて円周上にある正方形です。しゃ線部分の面積を求めなさい。円周率は3.14とします。

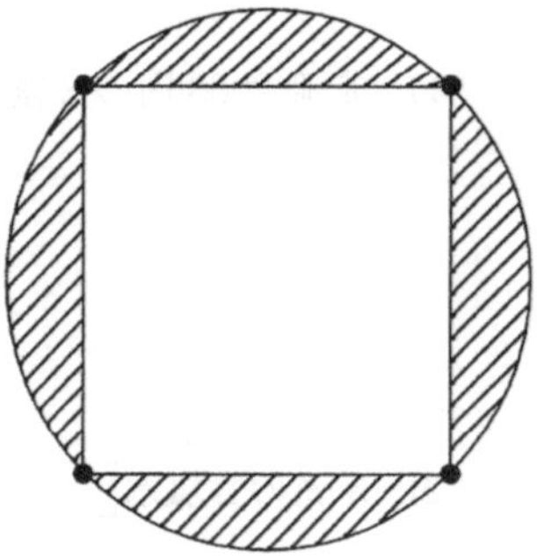

(2) 直方体の容器に［図1］のように高さが6 cmとなるように水を入れ、ふたをしました。この容器を［図2］のように置いたとき、水の高さは何cmとなりますか。

［図1］

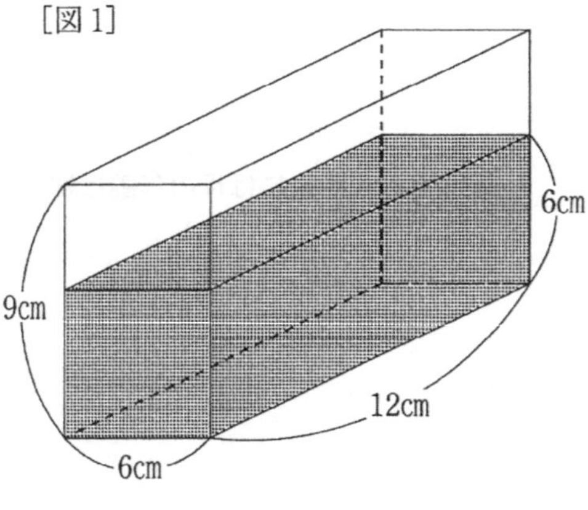

［図2］

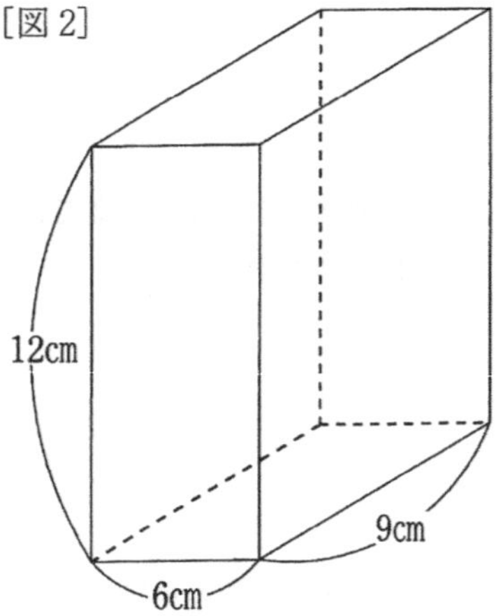

4 ある池の周りは1周1200 mあります。Aさん、Bさん、Cさんは同じ地点から同時に出発します。Aさんは毎分 80 m、Bさんは毎分 60 mの速さで同じ方向に進み、Cさんは反対方向に進みました。以下の問いに答えなさい。

(1) AさんとCさんは出発してから10分後にすれ違いました。Cさんの速さは毎分何mですか。

(2) BさんとCさんは出発してから何分後にすれ違いますか。Cさんの速さは(1)で求めた速さとします。

(3) Aさんは途中、休けいをしました。休けいをしはじめて、1分20秒後にBさんが追い越していきました。Aさんは出発してから何mの地点で休けいをしていましたか。

5 生徒の通学方法について調査し、その結果を度数分布表と円グラフにしました。円グラフの①と②の角度は同じになりました。度数分布表の［ア］と［イ］にあてはまる人数を答えなさい。

度数分布表

	1年生	2年生
電車と自転車	●人	83人
自転車のみ	55人	［ア］人
電車と徒歩	32人	42人
徒歩のみ	15人	23人
その他	38人	12人
合計	［イ］人	240人

1年生　　　　　　　　2年生

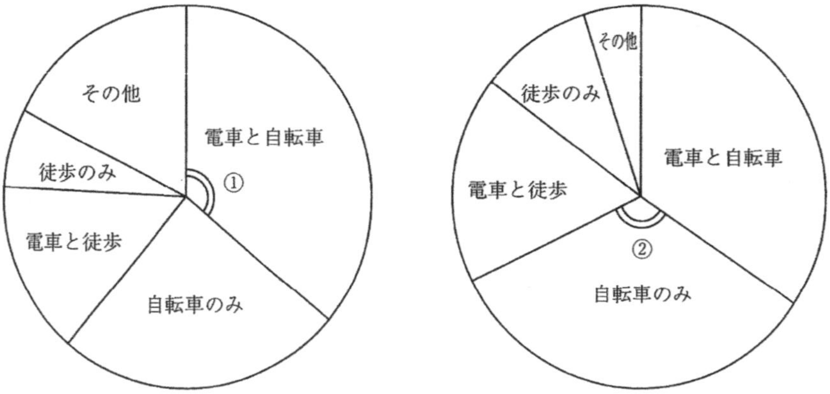

令和６年度　中学校入学試験問題Ⅰ

理　　　科

（２０分）

「始め」の合図があるまでは問題を開いてはいけません。

注意

1. 「始め」の合図で始め、「やめ」の合図で、すぐにやめなさい。
2. この問題は表紙もいれて、１ページから９ページまであります。試験開始の合図があったら、中をたしかめ、印刷のはっきりしないものや、ページのたりないものがあったら、すぐに申し出なさい。
3. 答えは、すべて解答用紙の決められたところに、指示された方法で答えなさい。
4. 受験番号は全て数字で書きなさい。

1 かすみさんとみなみさんは、３分間のふみ台運動をする前とした後の脈はくを調べました。２人の会話文を読んで、あとの問いに答えなさい。

かすみさん：運動をした後の脈はくは運動をする前の脈はくと比べて（ A ）。
みなみさん：B脈はくは心臓の動きとして血管に伝わるって聞いたことがあるよ。
かすみさん：血管のなかには血液が流れているよね。
みなみさん：心臓はポンプのような働きをしていて、C血液を全身に送り出す役目をしているということだね。
かすみさん：運動をした後は運動をする前と比べて血液のなかのD（ ① ）の量が少なくなって（ ② ）の量が多くなるから、心臓は血液を多く全身に送り出さないといけないんだね。

(1) 会話文のなかの（ A ）に入る言葉を答えなさい。

(2) 会話文の下線部Bにあるように、「脈はくは心臓の動きとして血管に伝わる」ことを確認するためにはどのような実験をすればよいですか。次のア～エから正しいものを選び、記号で答えなさい。

ア 運動をする前とした後に、手首の脈はくだけを１分間、計測する実験。
イ 運動をする前とした後に、心臓のはく動だけを１分間、計測する実験。
ウ 安静にしている時に、手首と首すじの脈はくを同時に１分間、計測する実験。
エ 安静にしている時に、手首の脈はくと心臓のはく動を同時に１分間、計測する実験。

(3) 会話文の下線部**C**について、心臓から肺に送りだされる血液と、肺から心臓に送られる血液を比べて、心臓から肺に送り出される血液のなかにより多くふくまれる物質を次の**ア**～**エ**から全て選び、記号で答えなさい。

ア 酸素
イ 二酸化炭素
ウ 全身に必要な栄養分
エ 体内でできた不要なもの

(4) 会話文のなかの下線部**D**の①と②にあてはまる物質の名前をそれぞれ答えなさい。

(5) 下の円グラフは吸う息とはく息に含まれる主な３種類の物質の割合をわかりやすく表したものです。**ア**～**ウ**にあてはまる物質のうち、**ア**と**ウ**の物質の名前をそれぞれ答えなさい。

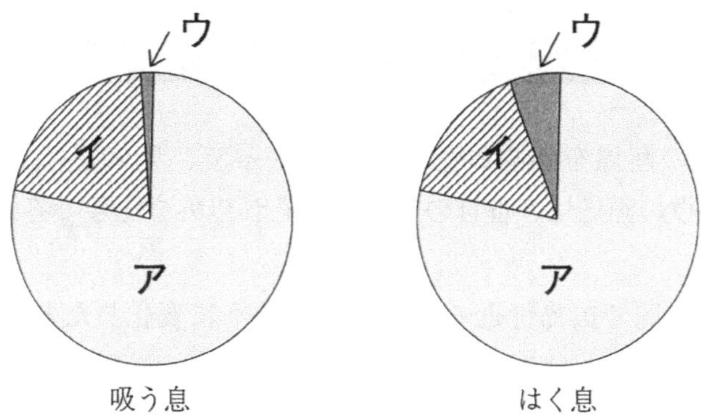

2　日本の上空には気象衛星が打ち上げられ、宇宙から気象に関する様々な観測が行われており、毎日、気象衛星雲画像を確認することができます。次の**ア**～**エ**の４枚の画像は連続した４日間の日本周辺の雲の画像です。
天気や雲について、あとの問いに答えなさい。

ア

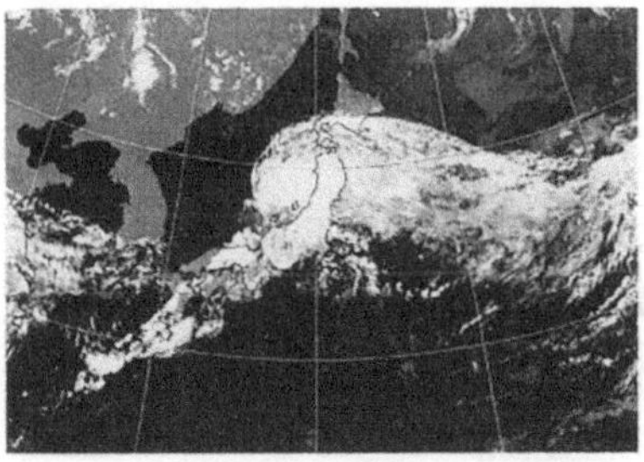

イ

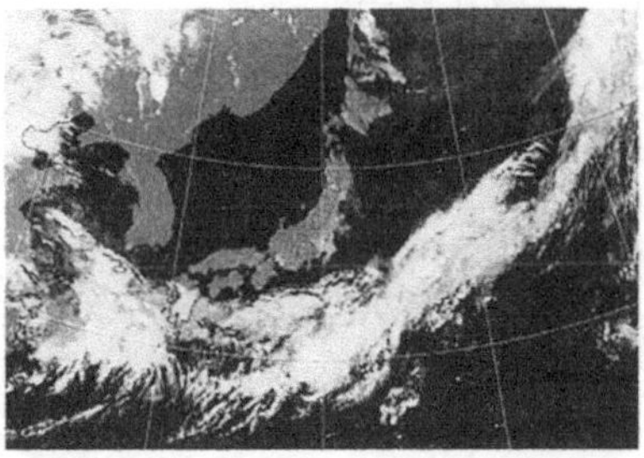

ウ

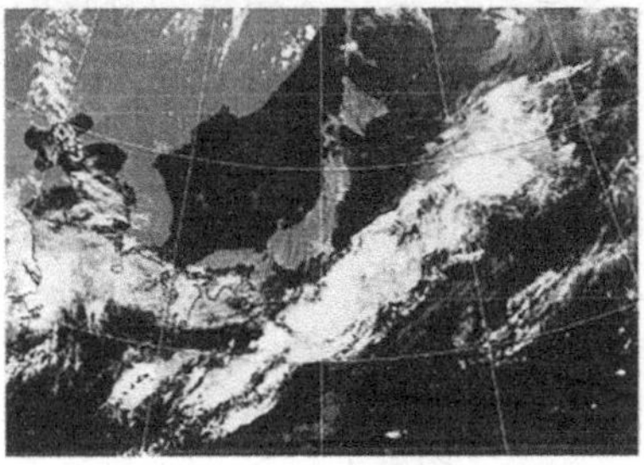

エ

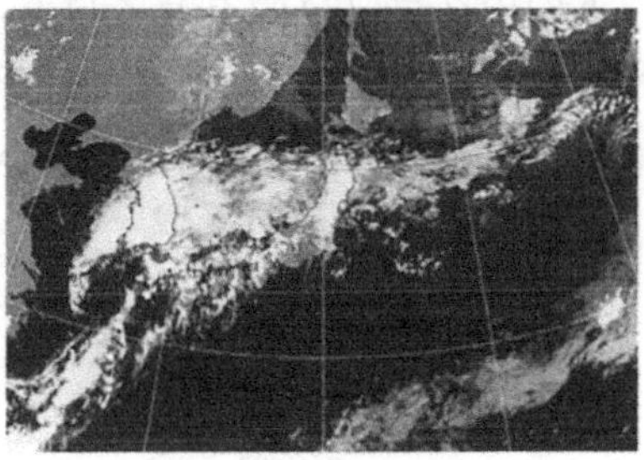

(1)　**ア**～**エ**の画像を時間の流れにしたがって、早い順に並べ変えなさい。ただし、**ウ**の画像は３番目のもので、それ以外を記号で答えなさい。

(2)　(1)の４日間で広島付近の天気はどのように変化したと考えられますか。次の文章の**a**～**c**に入る言葉の組み合わせとして正しいものを次の**ア**～**エ**から選び、記号で答えなさい。

雲が（　a　）、天気は（　b　）だったが、だんだん（　c　）になった。

ア	a　多く	b　晴れ	c　くもり
イ	a　少なく	b　晴れ	c　くもり
ウ	a　少なく	b　くもり	c　晴れ
エ	a　多く	b　くもり	c　晴れ

(3) 夏の暑い日に強い上昇《じょうしょう》気流のために発達し、かみなりを発生させたり、たくさんの雨を降らせたりする雲を何といいますか。

(4) 下の文章の（　　　）に入る言葉を答えなさい。

近年、「(3)の答えの雲」が次から次に発生し、同じ方向に移動するために限られた地域に大量の雨が降る現象がたびたび起こっています。 この雨域《ういき》（雨が降る範囲《はんい》）のことを（　　　　）降水帯と呼びます。

(5) せまい範囲の地域で短い時間に大量の雨が降り、災害を引き起こすような雨のことを何といいますか。

3　ものの溶《と》け方を調べる実験を行いました。実験操作は次の通りです。

①　器具**A**で、水 50mL を正確にはかり取り、ビーカーに入れ、温度をはかる。
②　食塩を１ｇずつ入れて、かき混ぜる。食塩が溶け残るまでこの操作をくり返し、何ｇ溶けたか記録する。
③　ミョウバンでも、食塩と同じようにして調べる。

実験１は水の温度を 20℃、実験２は水の温度を 40℃、実験３は水の温度を 80℃にして行いました。あとの問いに答えなさい。

(1)　次の**ア**～**エ**から、水溶《よう》液の特徴《とくちょう》を全て選び、記号で答えなさい。

ア　ビーカーの水溶液の中がすき通っている。(とうめい)

イ　時間がたつと、溶かしたものがビーカーの底にたまる。

ウ　ものが完全に溶ける時、水溶液は無色になる。

エ　水溶液の濃《こ》さは、どこも全て同じである。

(2)　実験１～３で使用する器具**A**の名前を答えなさい。

(3)　実験３で作った 80℃の水溶液を 20℃まで冷やすと、食塩とミョウバンのどちらが多くビーカーの底に現れるか答えなさい。

(4)　水溶液から溶かしたものを取り出す方法を答えなさい。ただし、(3)のように水溶液を冷やす方法は除いて考えなさい。

(5) 実験１～３の結果をグラフにまとめました。正しいグラフを次の**ア**～**カ**から選び、記号で答えなさい。

ア

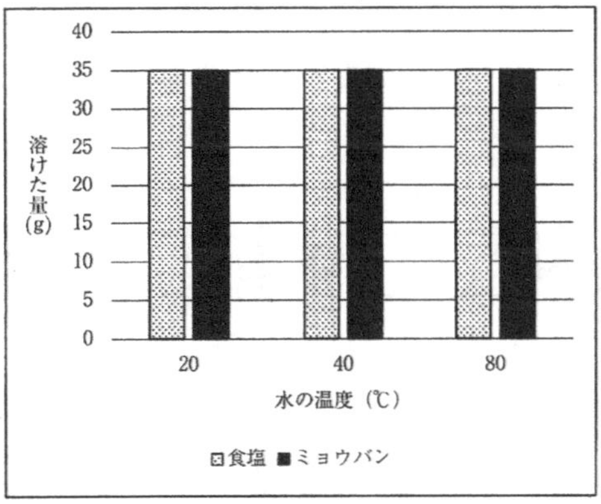

イ

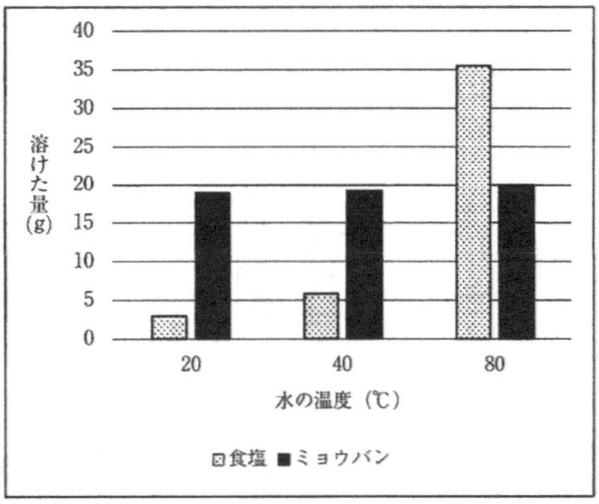

ウ

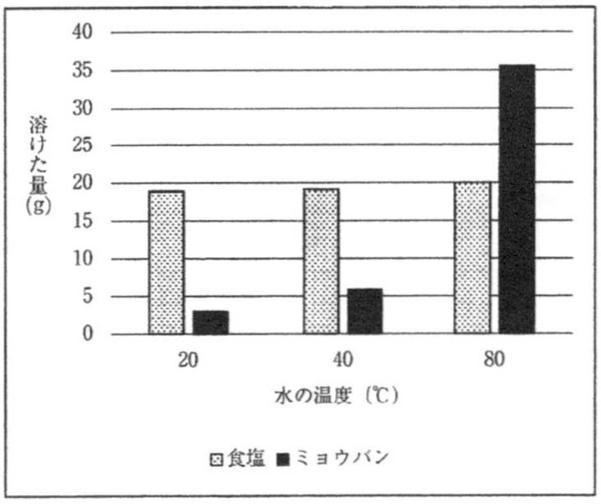

エ

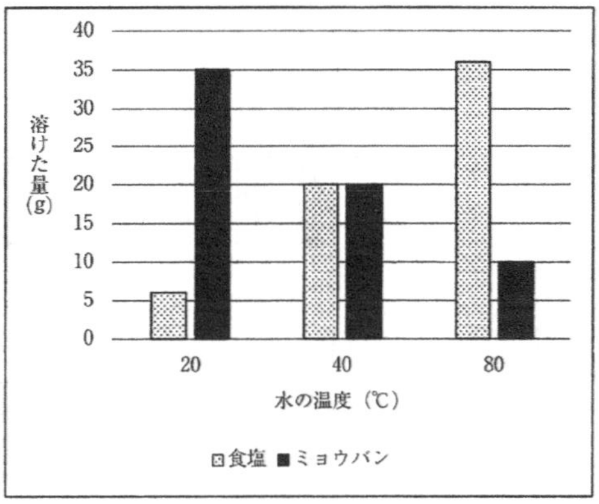

オ

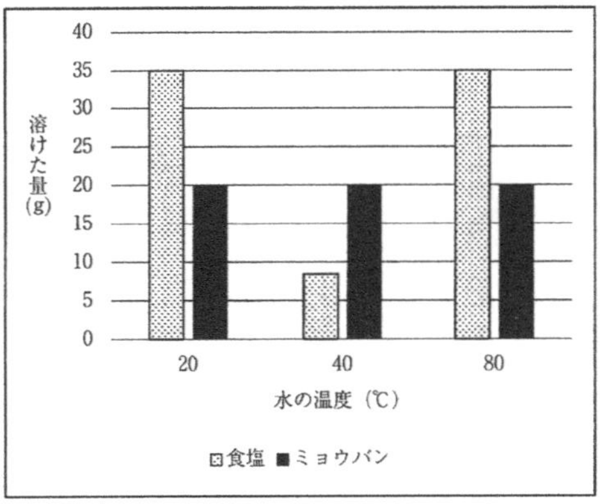

カ

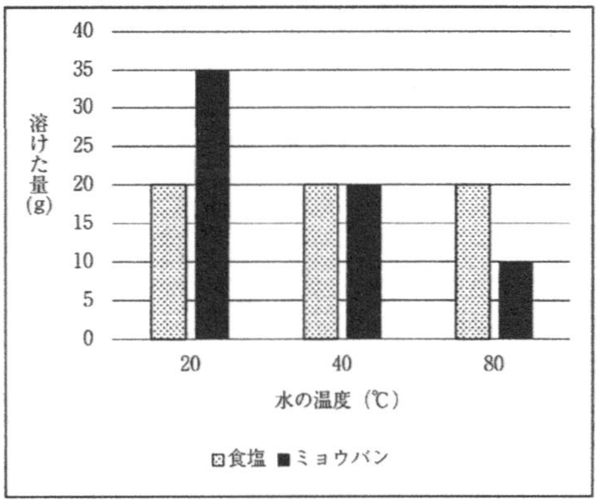

4　下の図のように、ダンボールに２個のかん電池、モーター、タイヤを取りつけてモーターカーを作ります。１つのタイヤとモーターがゴムでつながっており、モーターが回転するとタイヤが動くしくみになっています。かん電池のつなぎ方を変え、モーターカーが走る速さと向きを調べます。モーターカーの前側には(前)という印が書いてあります。あとの問いに答えなさい。

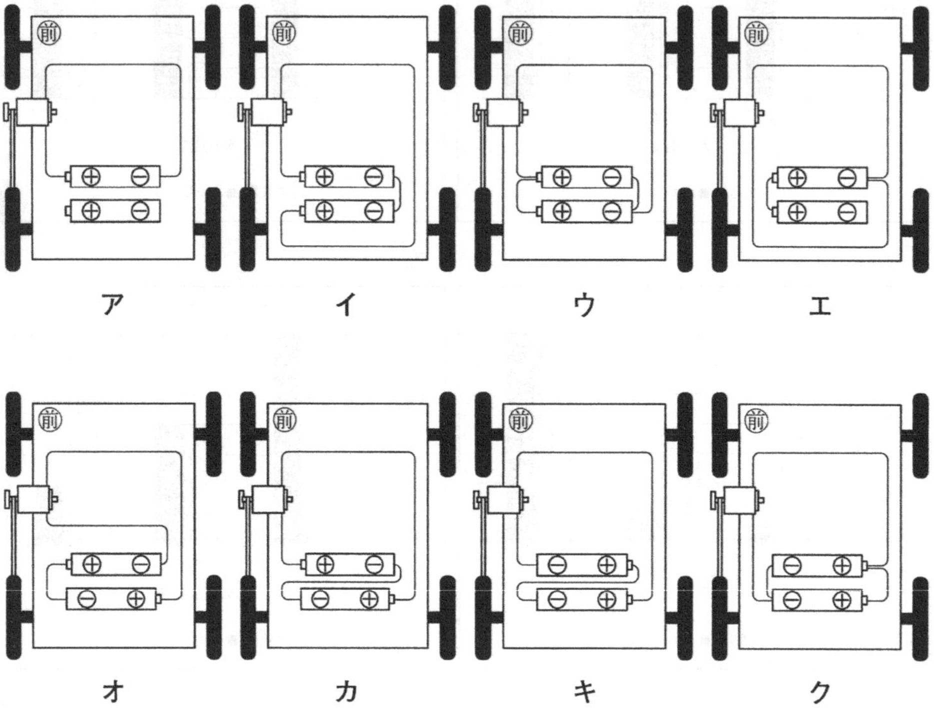

(1) かん電池１個をつないだモーターカーとかん電池２個をつないだモーターカーの走る速さを比べます。かん電池１個をつないだモーターカーも図の**ア**のようにかん電池を２個のせて走らせます。それはなぜですか。その理由を答えなさい。

(2) 図の**ア**と同じ向きに進むモーターカーを図の**イ**～**ク**から選び、記号で答えなさい。

(3) 向きは関係なく、もっとも速く走るモーターカーを図の**ア**～**ク**から全て選び、記号で答えなさい。

(4) 向きは関係なく、図の**ア**とほとんど同じ速さで走るモーターカーを図の**イ**～**ク**から２つ選び、記号で答えなさい。

(5) 回路に流れる電流の向きと大きさを調べるために器具**B**を使います。この器具**B**は、針のふれの大きさで電流の大小がわかり、針が左右どちらの向きにふれるかで電流の向きを調べることができます。器具**B**の名前を答えなさい。

令和６年度　中学校入学試験問題Ⅰ

社　　　会

（２０分）

「始め」の合図があるまでは問題を開いてはいけません。

注意

1. 「始め」の合図で始め、「やめ」の合図で、すぐにやめなさい。
2. この問題は表紙もいれて、１ページから９ページまであります。試験開始の合図があったら、中をたしかめ、印刷のはっきりしないものや、ページのたりないものがあったら、すぐに申し出なさい。
3. 答えは、すべて解答用紙の決められたところに、指示された方法で答えなさい。
4. 受験番号は全て数字で書きなさい。

1　比治山女子中学校の生徒が、比治山女子高校の先輩《せんぱい》と会話しています。会話文を見て、あとの問いに答えなさい。

中学生：先輩、高校生活について教えてもらえますか？

高校生：もうすぐ高校生だものね、わかる範囲で答えるわ。

中学生：先輩が高校１年生の時は、どんな学校生活だったのですか？

高校生：前期には学校全体の行事として、体育祭や文化祭があるのは知っているわね。後期に入ると、高校２年生が修学旅行に行っている期間を使って、高校１年生は「学習合宿」があるのよ。私たちの時は、広島県内数か所に分かれて、グループごとに学習したの。それぞれの地域活性化のために努力しておられる人のお話を聞いたり、一緒に作業したりしたのよ。私は瀬戸田というところに行って、①レモンを使ったケーキ作りで街を元気にしようとしている人のお話を聞いたの。私の友だちは江田島に行って、カキの養殖《ようしょく》時に出る②プラスチックゴミの問題についてのお話を聞いたそうよ。どの地域でも共通して③「空き家」は大きな問題になっているようで、その解決のためにさまざまな取り組みがおこなわれているみたい。

中学生：2023年は、５月に④Ｇ７サミットが広島で開かれたりして、大変でしたよね。ところで先輩は夏休み中どう過ごしていたのですか？

高校生：進学補習に参加をしたり、もちろん家庭学習もがんばったわよ。それに比治山女子高校は⑤大韓民国の源花女子高校と⑥姉妹校なので、夏休み期間を利用して交流会が開かれるの。私も今回、３泊《ぱく》４日の日程で、大韓民国に行って交流を深めたのよ。

中学生：私も高校生になったら参加してみたいな。

高校生：高１英語コースの人たちは、後期の後半に⑦オーストラリア短期留学に行くのよ。私の英語コースの友だちも、留学を経験して自信をつけて日本に帰ってきたみたい。高２になってからは、⑧広島駅で、外国人観光客の方々に対して、観光案内のボランティアに取り組んでいる人たちもいるのよ。

中学生：とてもよくわかりました。私も先輩たちを見習ってがんばります。

問１　下線部①の果実の栽培《さいばい》は瀬戸内海地方の気候に適しているといわれています。瀬戸内海地域の都市の雨温図はどれですか。次の**ア**～**エ**から一つ選び、記号で答えなさい。また、選んだ雨温図からわかる気候の特徴を簡単に答えなさい。

ア

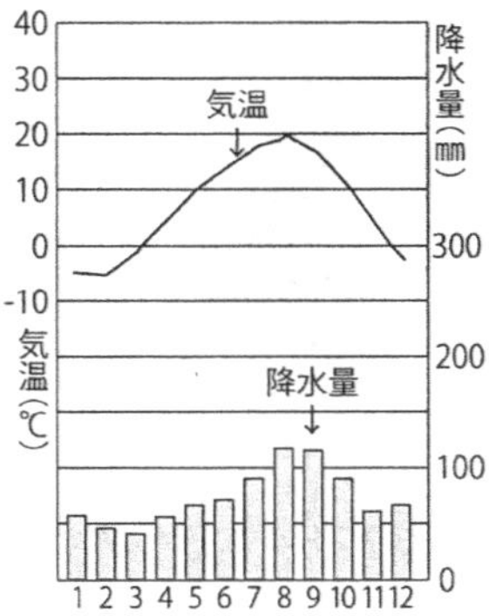

イ

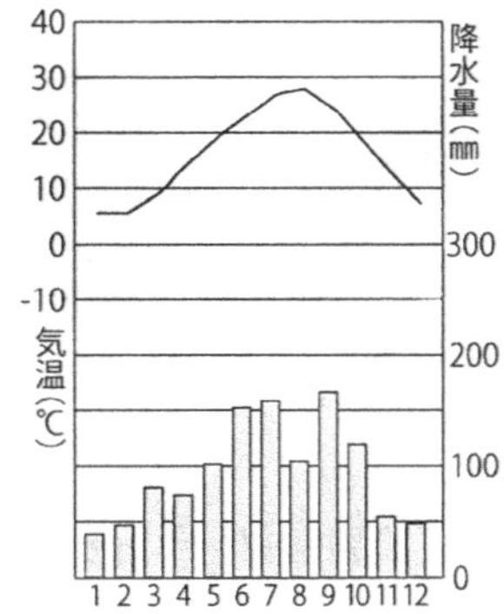

ウ

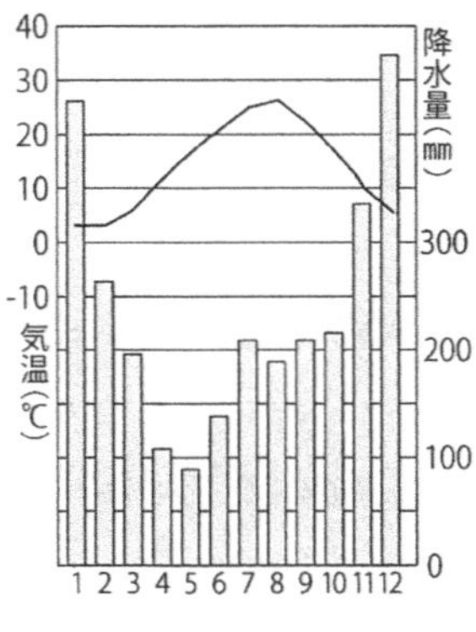

エ

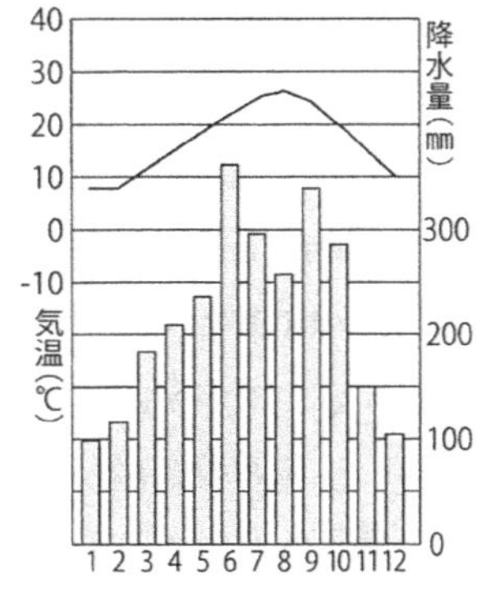

（『日本国勢図会』2023/24　より作成）

問２　下線部②について、ゴミを減らし、環境に負荷をかけないために３Ｒ（スリーアール）という考え方にもとづいた取り組みがおこなわれています。そのなかで、「ゴミを資源に変え、ふたたび利用する」ことを何といいますか。カタカナで答えなさい。

問３　下線部③について、県内の「空き家問題」の原因として**誤っている**ものはどれですか。次の**ア**～**エ**から一つ選び、記号で答えなさい。

ア　地域の高齢《こうれい》化が進んだため。

イ　地域の過疎《かそ》化が進んだため。

ウ　地域の人口が増えたため。

エ　地域の住民が他の地域に転居したため。

問４　下線部④について、次の各国のシルエットの中から、Ｇ７のメンバーである国（招待国、ゲスト国ではありません）の国名を二つ選びカタカナで答えなさい。（縮尺は一定ではありません）

問５　下線部⑤の国の説明として正しいものはどれですか。次の**ア**～**エ**から一つ選び、記号で答えなさい。

ア　世界遺産の万里の長城は大切に守られており、世界中から観光客がやってくる。

イ　広い土地を生かして、大型機械を使った農業がおこなわれ、小麦や大豆が世界中に輸出されている。

ウ　2018年に冬季オリンピック・パラリンピックが開催され、さまざまな国の人々がこの国を訪れた。

エ　この国の輸出の90％は石油に関連したものだが、最近では石油以外の産業にも力を入れている。

問6　下線部⑥について、広島から移民した人が多かったことなどを理由に、広島市と姉妹・友好都市関係を結んでいる都市はどれですか。次の**ア**～**エ**から一つ選び、記号で答えなさい。

ア　モスクワ市　　　　**イ**　ニューヨーク市

ウ　ペキン市　　　　　**エ**　ホノルル市

問7　下線部⑦について、この国の国旗の特徴について説明している文章はどれですか。次の**ア**～**エ**から一つ選び、記号で答えなさい。

ア　青・白・赤の３色旗で、「自由・平等・友愛」を意味している。

イ　この国のシンボルカラーである赤地に、５つの黄色い星がちりばめられている。

ウ　この国の成り立ちが歴史的にイギリスと関係があるため、左上にイギリス国旗、国の位置から、右側に南十字星がデザインされている。

エ　赤と白の横線は独立時の州の数、星は現在の州の数を表している。

問8　下線部⑧について、以下の表は広島駅を含む新幹線の停車駅です。記号でしめされた区間のうち、広島駅からみて東に位置する、他県との県境を含む区間を記号で答えなさい。

徳山	**ア**	新岩国	**イ**	広島	**ウ**	東広島	**エ**	三原	**オ**	新尾道	**カ**	福山	**キ**	新倉敷	**ク**	岡山

2　ある生徒は、今年の７月に20年ぶりに紙幣《しへい》のデザインが変更《へんこう》されるというニュースをみて、紙幣の表面にのっている肖像《しょうぞう》画の人物について教科書で調べ、表にまとめました。表や気づきを読んで、あとの問いに答えなさい。

発行開始年	人物名	功績
1891年	【　①　】	中大兄皇子とともに蘇我氏をたおし、天皇中心の国づくりを始めた。
1930年	聖徳太子	【　②　】
1951年	岩倉具視	1871年から③岩倉使節団の代表として、欧米《おうべい》を訪問した。
1953年	板垣退助	政府を去った後に、④国会を開き、憲法をつくることを求める運動に参加した。
1963年	伊藤博文	初代内閣総理大臣として日本最初の⑤憲法制定などに力を注いだ。
1984年	夏目漱石	
	新渡戸稲造	
	福沢諭吉	【　⑥　】によって個人の独立や国家のはん栄が実現されると説いた『【　⑥　】のすゝめ（すすめ）』を書いた。
2004年	野口英世	
	⑦樋口一葉	『たけくらべ』などの小説を残した。
2024年	北里柴三郎	【　⑧　】
	津田梅子	岩倉使節団に同行し、帰国後は女子教育の発展につくした。
	渋沢栄一	

気づき

紙幣についてまとめる中で、⑨最近の紙幣の肖像画は明治時代以降の人物が多く採用されていることに気付いた。

問1　空らん【　①　】にあてはまる人物名を書きなさい。

問2　空らん【　②　】にあてはまる文として**誤っている**ものはどれですか。次の**ア**～**エ**から一つ選び、記号で答えなさい。

ア　中国の進んだ制度や文化を取り入れるために小野妹子を遣隋使として送った。

イ　家柄《いえがら》に関係なく能力や功績で役人を取り立てる冠位十二階を定めた。

ウ　仏教の力で社会の不安をしずめようと全国に国分寺を建てるように命じた。

エ　政治を行う役人の心構えを示すために十七条の憲法を定めた。

問3　下線部③について、この時期に使節が派遣《はけん》された理由を説明しなさい。

問4　下線部④について、明治時代の前半に広がったこの運動を何といいますか。漢字6文字で答えなさい。

問5　下線部⑤について、1889年に制定された憲法に関して述べた文として**誤っている**ものはどれですか。次の**ア**～**エ**から一つ選び、記号で答えなさい。

ア　国を治める主権は国民にあった。

イ　軍隊に関する規定があった。

ウ　皇帝《こうてい》の権力が強いドイツの憲法を参考につくられた。

エ　国会は貴族院と衆議院で構成されていた。

問6　空らん【　⑥　】にあてはまる語句を書きなさい。

問7　下線部⑦について、この人物は1872年に生まれ、1896年に亡くなっています。この人物が生きている間の出来事として正しいものはどれですか。次の**ア**～**エ**から一つ選び、記号で答えなさい。

ア　ききんに対する幕府の対応を批判する大塩平八郎が、大阪で反乱を起こした。

イ　朝鮮をめぐる対立から、日清戦争が起こった。

ウ　韓国と北朝鮮が対立し、朝鮮戦争が起こった。

エ　日本軍と中国軍が北京郊外で戦い始め、日中戦争へと拡大した。

問8　空らん【　⑧　】にあてはまる文として正しいものはどれですか。次の**ア**～**エ**から一つ選び、記号で答えなさい。

ア　『吾輩は猫である』などの小説を残した。

イ　多くの会社の設立に関わり、「日本資本主義の父」と呼ばれた。

ウ　破傷風の研究など、細菌《さいきん》学研究で広く世界に認められた。

エ　国際連盟の事務局次長として国際社会発展のために力をつくした。

問9　下線部⑨について、明治時代以降の人物が多い理由として正しいものはどれですか。次の**ア**～**エ**から一つ選び、記号で答えなさい。

ア　小学校の教科書にのっている人物から選びたいから。

イ　偽造《ぎぞう》防止の観点からなるべく精密《せいみつ》な写真を利用したいから。

ウ　明治時代以降の人物の肖像画は芸術的に価値があるから。

エ　明治時代以前の人物の肖像画が残っていないから。

問10　2024年から発行される千円券の裏側には「富嶽三十六景」が使われています。この作品の作者はだれですか。次の**ア**～**エ**から一つ選び、記号で答えなさい。

ア　歌川広重　　**イ**　近松門左衛門　　**ウ**　伊能忠敬　　**エ**　葛飾北斎

3　次の図は、国会、内閣、裁判所の関係を表しています。図を見て、あとの問に答えなさい。

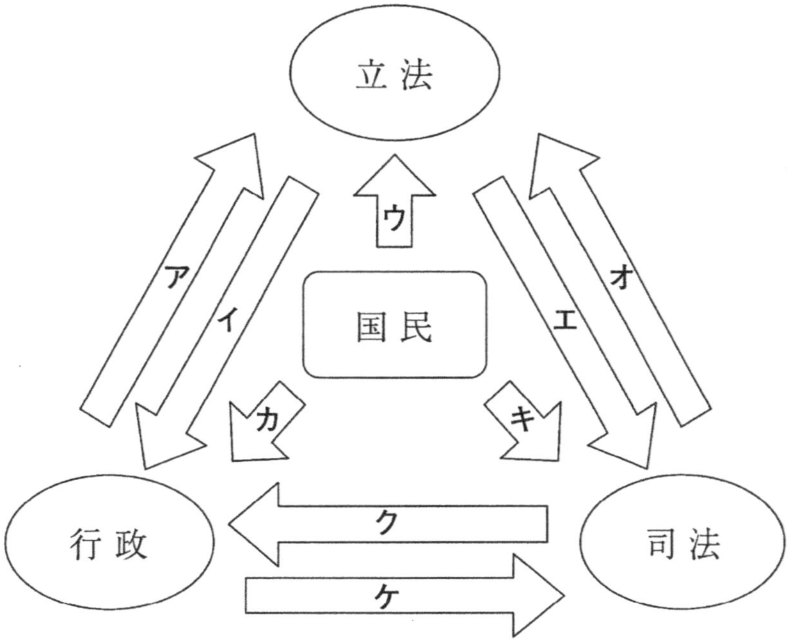

問1　日本では国の政治を進める役割を三つに分けそれぞれの仕事を国会、内閣、裁判所が分担して行っています。そして、それぞれの機関がお互いの役割がきちんと実行できているかを調べる役割ももっています。このようなしくみを何といいますか、漢字4文字で答えなさい。

問2　次のA～Dのことがらは、表中のどの矢印の役割を表していますか、それぞれ、矢印の記号で答えなさい。

A　国民の代表を選挙によって選ぶ。

B　内閣総理大臣を指名する。内閣の不信任を決議する。

C　最高裁判所裁判官の国民審査《しんさ》をする。

D　行政処分が憲法に違反《いはん》していないかを審査する。

令和五年度　中学校入学試験問題Ⅰ

比治山女子中学校

国　語

（40　分）

「始め」の合図があるまでは問題を開いてはいけません。

注意

一、「始め」の合図で始め、「やめ」の合図で、すぐにやめなさい。

二、この問題は表紙もいれて、1ページから7ページまであります。試験開始の合図があったら、中をたしかめ、印刷のはっきりしないものや、ページのたりないものがあったら、すぐに申し出なさい。

三、答えは、すべて解答用紙の決められたところに、指示された方法で答えなさい。

四、受験番号は全て数字で書きなさい。

次の文章を読んで、後の問いに答えなさい。　※句読点・記号は字数に含《ふく》みます。

ここで、「感情」と「意見の違《ちが》い」ということについて、少しだけ考えてみましょう。

よく、意見が相違《そうい》する場合、違う意見が言いにくい、という話を耳にします。また、違う意見を言ったために、その人から感情的に反発されてしまったということも聞くことがあります。

私たちは、誰《だれ》でも、自分のことを認めてほしいというaコンポン的欲求を持っています（これは強すぎても弱すぎてもいけない欲求です）。自分の言うことは一応信じてほしいし、自分のことを無視されるのはいやです。自分の意見に対しても同じことで、私たちは、自分が主張することに対して、基本的には認めてほしい、という欲求を持っていると言えそうです。多くの場合、相手の意見が自分の意見と同じであるほうが、何となくbアンシンしたりするのもこのためでしょう。

自分の意見に挑戦《ちょうせん》されて、それをおもしろがれる人は、自分に自信がある人です。しかし、中にはそういう自信がなくて、面とむかって反対されたり否定されたりすると、自分が認められていないというように感じてしまうという人もあります。

［Ⅰ］、情報の信頼《しんらい》性や意見のA妥当《だとう》性は、その人の人格とは全く別の事柄《ことがら》ですから、自分が主張することが否定されたからといって、自分が認められていない、などと考える必要はありません。［Ⅱ］、①自分の意見に対して疑問を持たれたり、反対意見を持たれたりしたからといって感情的になってしまうことは決して望ましいことではありません。ただ望ましいことではないにせよ、現実には、そういう感情的なことも切り離《はな》せないのです。

そこで、②こうしたことに関連した問題が三通り起こり得るのです。

一つは、自分の意見に対して疑問や反対意見が言われた場合に感情的になってしまう場合です。この場合には、「しっかり考えて、感情におし流されないように気をつける！」としか言いようがありません。受け入れるべきは受け入れ、それでも自分は違うと思うなら、その根拠《こんきょ》も含めて明確に主張していけばいいでしょう。どうでもよければ聞き流してもかまいません。自分なりにしっかりと考えることが大切です。特に、知的な内容の事柄であれば、内容は内容、気持ちは気持ち、というふうにしっかり分けて、感情はひとまずコントロールする必要があります。これは心構《こころがま》えの問題です。

次に考えられるのが、自分が自分の意見を配慮《はいりょ》なしに言ったために、相手を不用意に感情的にさせてしまうという失敗です。「言い方に配慮があればきちんと伝えることができたのに、そうしなかったばかりに感情的反発をマネいてしまった」という失敗は、誰しもあるのではないでしょうか。

さらにもう一つ、相手の感情に「遠慮」しすぎるあまり、言うべきことが言えないという場合もあります。はっきり言わなかった（言えなかった）ために、最終的にあとで強く後悔《こうかい》してしまうというのもよくあることです。これは目立った「失敗」とは認識《にんしき》されにくい点で、よけいにやっかいな問題かもしれません。

人間は感情を持つ動物ですが、その感情のために、しっかりとした意見の交換《こうかん》ができなくなることも現実にはあります。その意味で、感情は「コミュニケーション上の障害」となり得るものです。

そこで、そういうコミュニケーション上の障害を乗り越《こ》えるために、「言いにくいことを言う場合の作戦」を考えてみるというのはどうでしょう。どのように言えばいいか、という「表現」への視点を持ってみるのです。こう考えてみることで、自分の心をコントロールすることもやりやすくなります。言うべきことも、きちんと考えた上で言えるようになります。

また、③そういう視点を持っていれば、ほかの人から何かを言われた場合でも、「言い方」の問題と「内容」の問題とを分けて考えることができます。そうすることで、「自分のことをキャッカン的に見る見方」「スナオに自分の至らなさを認める心」を呼びサますこともできるでしょう。

自分が「正しい」と思うことを言うのに、もちろん、「遠慮」はいりません。しかし、時と場合によっては「配慮」はあっていいでしょう。逆に、そうした「配慮」をしてみることで、「言うべきことが言えないまま」になることも防げるような気がします。

Ⅲ、④どういうことが「配慮」として挙げられるのでしょう。感情的な摩擦《まさつ》を予防する方法について、具体的表現に即《そく》して考えてみましょう。

まず、自分と他人の意見が違っていて、いずれかが正しくていずれかが間違っているという状況《じょうきょう》ですが、この場合、お互《たが》いに、自分をD相対化する見方ができるといいと思われます。注1 先に述べたように、例えば、

あなたの時計では一〇時だということだが、私の時計ではまだ一〇時ではない。

という言い方をすると、自分の確信を述べつつも、相手が間違っていると決めつけずに済みます。はっきりと主張しつつも、相手が間違っていると決めつけないような言い方を選ぶことで、相手の気持ちにも配慮してあげるのは悪いことではありません。

特に、相手がおかしい、ということや、相手にとってマイナスの評価を言う場合には、自分を相対化した文末表現を使うとiベンリです。一つの例が「～のではないか」です。例えば、

まだ一〇時ではないのではないか。

のように言うと、一種の提案としての述べ方をすることになり、相手と違う意見であっても、決めつけない言い方ができます。

もともとの形としては、否定と疑問が一緒《いっしょ》になった表現です。少しそのjゲンリを見てみましょう。この表現では、疑問文が使われていますが、⑤おもしろいことに、疑問文では、⑥肯定《こうてい》と否定のいずれの聞き方もできます。例えば、

(あ) あなたは田中さんですか?

(い) あなたは田中さんではありませんか?

のいずれの表現でも、情報を得ることが一応できるのです。これは、自分には判断がつかないという意味をもつことによります。この点で、Ⅳ の言い方は、自分の考えを押《お》しつけることにならないわけです。

(出典　森山卓郎《もりやまたくろう》『コミュニケーションの日本語』岩波ジュニア新書)

注1　先に述べたように…本文の直前に、「もとになる情報、ないし状況の認識が違って、意見が違う」ことの具体例として、ある二人の人物の持つ時計が、それぞれ一〇時五分前と一〇時を指しているという状況を挙げ、自分の主張をどう表現するのがよいかについて述べている。

問い

一　〰〰部a～jについて、カタカナを漢字になおし、漢字の読みをひらがなで書きなさい。

二　═══部A～Dについて、本文中における意味として最もふさわしいものを、次のア～エからそれぞれ一つずつ選び、記号で答えなさい。

A「妥当性」
ア　明解さ　　イ　適切さ　　ウ　曖昧《あいまい》さ　　エ　複雑さ

B「やっかいな」
ア　もどかしい　　イ　わずらわしい　　ウ　耐《た》え難《がた》い　　エ　もっともらしい

C「摩擦」
ア　意見のすり合わせ　　イ　交渉《こうしょう》による合意　　ウ　徹底《てってい》的な拒絶《きょぜつ》　　エ　食い違いによる不一致《ふいっち》

D「相対化」
ア　注目すべき要素を抜《ぬ》き出すこと　　イ　利害関係を重視して考えること
ウ　ほかのものとの関係と比較《ひかく》すること　　エ　特定の立場にとらわれず物事を見ること

三　□部Ⅰ～Ⅲにあてはまる語として最もふさわしいものを、次の**ア**～**エ**からそれぞれ一つずつ選び、記号で答えなさい。

Ⅰ　**ア**　もちろん　**イ**　また　**ウ**　では　**エ**　一方

Ⅱ　**ア**　まして　**イ**　しかし　**ウ**　そこで　**エ**　例えば

Ⅲ　**ア**　しかし　**イ**　では　**ウ**　むしろ　**エ**　そして

四　――部①「自分の意見に対して疑問を持たれたり、反対意見を持たれたりしたからといって感情的になってしまうことは決して望ましいことではありません」とありますが、なぜ「感情的になってしまう」のですか。本文中の言葉を用いて六十字以内で説明しなさい。

五　――部②「こうしたことに関連した問題」とはどのような問題か。端的《たんてき》に説明された一文を三つ本文中から探し、それぞれ初めの五字を抜き出して書きなさい。

六　――部③「そういう視点」が指している内容を、本文中から二十五字以内で抜き出し、初めと終わりの三字を書きなさい。

七　――部④「どういうことが『配慮』として挙げられるのでしょう」とありますが、この一文の効果についての説明として最もふさわしいものを、次の**ア**～**エ**から一つ選び、記号で答えなさい。

ア　筆者が自問自答することで、自身の思考を整理しようとしている。

イ　筆者が常に抱《いだ》いてきた疑問を、読み手と一緒に考え直そうとしている。

ウ 深い思考を促すために、読み手を一度間違った思考へ誘導しようとしている。

エ 読み手に問いかけることによって、これから述べる話題を提示している。

八 ――部⑤「おもしろいことに」が修飾《しゅうしょく》している部分はどれですか。次の**ア**～**カ**から一つ選び、記号で答えなさい。

おもしろいことに、ア疑問文では、イ肯定とウ否定のエいずれのオ聞き方もカできます。

九 ――部⑥「肯定と否定」とありますが、

(1)「肯定と否定」と同じ関係性となる言葉の組み合わせを、次の**ア**～**エ**から一つ選び、記号で答えなさい。

ア 時間と場所　**イ** 拡大と縮小　**ウ** 基本と基礎《きそ》　**エ** 将来と未来

(2)本文中の㋐「あなたは田中さんですか？」、㋑「あなたは田中さんではありませんか？」は、それぞれ「肯定と否定」のどちらの聞き方か、書きなさい。

十 □部Ⅳに入る語として最もふさわしいものを、次の**ア**～**エ**から一つ選び、記号で答えなさい。

ア 肯定　**イ** 否定　**ウ** 疑問　**エ** 提案

十一 あなたが、コミュニケーションを取る上で気をつけなければならないと思うことは何ですか。次の条件に従って、文章で説明しなさい。

① 「私は、コミュニケーションを取る上で」と書き始める。

② ①のように考える理由を書く。

③ 具体的に、コミュニケーションを取る上で困ったこと、あるいは気をつけておいて良かったことなど、自分の経験を書く。

令和五年度　中学校入学試験問題Ⅱ

国　語

（40分）

「始め」の合図があるまでは問題を開いてはいけません。

注意

一、「始め」の合図で始め、「やめ」の合図で、すぐにやめなさい。
二、この問題は表紙もいれて、１ページから８ページまであります。
試験開始の合図があったら、中をたしかめ、印刷のはっきりしないものや、ページのたりないものがあったら、すぐに申し出なさい。
三、答えは、すべて解答用紙の決められたところに、指示された方法で答えなさい。
四、受験番号は全て数字で書きなさい。

次の文章を読んで、後の問いに答えなさい。 ※句読点・記号は字数に含《ふく》みます。

言葉。言の葉。あなたの心のなかで生まれ、繁茂《はんも》していく認識の一葉ずつ。

言葉はいたるところにあふれていますが、そのみなもとは人の内側です。すべてそこからやってきます。口から出る前、あるいはペン先やキー操作で文字に変わる前はそこにしか棲息《せいそく》できません。心と言葉を切り離《はな》すことはできないのです。

〔 Ⅰ 〕、心に風が吹く時は、①言葉も乱暴にそよぎます。心のなかに意地悪の種がある時は、言葉まで意地悪な色に染まります。心に温かな日溜《ひだ》まりがあれば、言葉にもぬくもりが宿ります。また、逆も言えるかもしれません。言葉を明るくしてやれば、心も明るくなっていくはずです。哀《かな》しい時は歌いなさい。つまらない時は楽しい話をしなさい。そうすれば心にも元気がよみがえると、多くの人が主張していますね。

正しい見方だと思います。プチ革命[注1]も実は②その原理にのっとります。ただ、目的はそこではありません。流行の自己啓発《けいはつ》[注2]を目指すものではないのです。世間的には明るい人の方が好かれるのでしょうが、人には持って生まれた性格があります。個として生きることに立ち戻り、自分の土地を見つけて開拓《かいたく》していくのですから、わざわざ自身を変えようとしなくてよいのです。

〔 Ⅱ 〕、自己変革をしようなどという考えは捨ててもらった方がいいとボクは思っています。昨日と違う自分という言葉はいかにも前向きですが、処世術[注3]や行動が変わることはあっても、人の中身はそう簡単には変わらないものだとボクは思っています。③この世に生まれてきた自分を最大限に花咲かせること。そのためには自分を否定して変えようとするのではなく、あるがままに受け入れてやることから始めた方がいいと思うのです。無理に明るく振《ふ》る舞《ま》うことも、善人を目指す必要もありません。自身の内なる世界で息づいている言葉の森。これをしっかりとらえ直すことが始まりです。

〔 Ⅲ 〕、プチ革命のために④心を見つめるとは、自身が使う言葉についてあらためて目を見開いていく行為を意味します。これがプチ革命の入り口です。そこから革命の準備は始まります。

〔　Ⅳ　〕、その具体的方法とは？

それについてはもうすこしあとで語りますが、今はまずここまでを理解して下さい。どんな時代であろうと、人生を豊かにしていくのはその人の心なのだということ。注4スパコンが並んでいても、［ A ］性という点で人の心には勝てないのだということ。その心のひとつの正体が⑤言葉の森であること。

ならば、ボクらはどうするべきなのか。

その前に、言葉についての洞察《どうさつ》をともに深めておきたいと思います。言葉とはなんなのかという共通理解がなくては、プチ革命の理屈《りくつ》が見えてこないからです。

ここから先はボクの経験と、言語学の基礎《きそ》をあわせて紹介《しょうかい》します。

〈中略〉

前世紀の終わりから今世紀の初めにかけて、ボクはニューヨークで暮らしました。知人一人いない街に飛びこんだのですから、当初は崩《くず》れ落ちそうになるほどの孤独《こどく》に［ B ］ました。それでも三年近くもの間、あの街でやってこられたのは、数人の友人ができたお陰《かげ》だったと思います。結果的には日米a混成のバンドを組め、ニューヨークのいくつかのライブハウスで歌えたことは良い思い出になっています。ただ、人は調子に乗るもので、やっているうちに欲が出てきて、ニューヨークで結成したこのバンドを日本でデビューさせようという話になりました。

問題はベーシストでした。彼はアメリカ人だったので、日本での彼の居住や注5査証をめぐってさまざまな問題が起きました。⑥それだけに、日本で暮らす覚悟《かくご》を決めてくれたベーシストに対し、ボクらは深くbカンシャをしました。彼が来日してすぐ、知っている寿司《すし》店に連れていったのも、歓迎《かんげい》の気持ちからです。

そこで言葉に関し、とてもcインショウ的なことが起きました。

ベーシストにとって、日本の本格的な寿司店に入るのは初めてのこと。カウンター席に座った彼はなにを注文していいかわからず、ガラスの[d]ホレイケースに入った寿司ネタを **C** 指さします。ボクはいちいち、それはカンパチというんだよ、それはハマチ、それはサバ、それはアジ、といった[e]グアイに魚の名前を言っていきました。

彼はずいぶんと食べました。回転寿司ではないので大奮発です。でも、「おいしい」と日本語で連発してくれたので、こちらの気分も盛り上がりました。ところが、寿司店を出てしばらく歩いてから、ベーシストはいきなりこう言ったのです。

「なんで日本人は、魚にいちいち名前をつけるんだよ?」

ボクは「え?」と聞き返しました。その時の彼の反応がこうです。

「フィッシュ・イズ・フィッシュ(魚は魚だろ)」

⑦次回からは回転寿司でいいやと思いました。つまり彼は、寿司ダネの区別がついていなかったのです。魚は魚でしかなかったのです。

たしかに、アメリカ人は日本人ほど魚の種類を知りません。ニューヨークの寿司レストランでも、[f]ケイエイ者が日本人でない場合は、カンパチやハマチやツムブリを一緒くたにイエローテール、マグロもカツオもまとめてツナと言っている店がほとんどです。多くのアメリカ人にとっては、イエローテールという魚は存在しても、カンパチやハマチは存在しないのです。ましてやそのハマチが成長ぐあいによってワラサやブリと名前が変わる[g]出世魚だなんて、説明したところで「?」という表情になるだけです。

日本人は、生き物の名前を細かく知っているという点で、おそらく世界一の[h]ミンゾクではないでしょうか。魚の名前もそうですし、虫の名前や花の名前もそうです。ちなみにこのベーシストは東部の名門大学の生物学科を卒業していますが、⑧カブトムシもクワガタムシもカミキリムシも全部まとめてビートルと言います。区別をつけないのです。

日本人の男性なら、クワガタの国産種のすべて、カミキリムシも五つ六つは名前を知っていることだと思います。[i]サイテイでも、シロスジカミキリ[注6]とゴマダラカミキリ[注7]の区別くらいはつくはずです。でも、日本のように虫や魚を愛するjデントウがない欧米《おうべい》では、虫に対して二、三の言葉しか浮かばない人が一般《いっぱん》的です。『昆虫《こんちゅう》記』のジャン・アンリ・ファーブルがフランス本国では必ずしも有名人ではないように、虫に対する情熱を他国で探すのはなかなかに難しいことなのです。

　このベーシストの一件は、⑨言葉とはなにか？という問いかけに対して、ほとんど答えにも近いようなヒントを与えてくれているように思います。

　人間は区別がつかないものに対しては、呼び名を持ち得ません。区別がついている事象に対してのみ、呼び名を持つのです。

　その考えをあてはめると、感情に対して三つの言葉しか持てない人は、三つの感情しか区別がついていないと言えます。嫌悪《けんお》の感情が全部「むかつく」になってしまうのであれば、その人にとってはたった一種類の怒《いか》りしか存在しないことになります。逆に、揺《ゆ》れ動く心に対して百の描写《びょうしゃ》ができるなら、その人はそれだけの心の姿の区別がつくのです。

　言語とはすなわち、区別がつくかどうか。差異に根ざした表現なのです。

（出典　ドリアン助川《すけがわ》『プチ革命　言葉の森を育てよう』岩波ジュニア新書）

注1　プチ革命…筆者の提唱する考え方で、意識的な行いでもって自分の状況を変えていき、個人にとって生きがいを感じられるようにしていこうとすること。
注2　自己啓発…自分で自分の能力を高めたり、精神的に成長しようと取り組んだりすること。
注3　処世術……世の中でうまく生きていくための方法。
注4　スパコン…スーパーコンピューターの略。高速で大量のデータ処理が可能な大規模で高性能なコンピューター。
注5　査証………外国に入国する際に必要な証明で、国がその人物の入国資格を保証する内容。ビザともいう。
注6　シロスジカミキリ…木などを食べる昆虫。体に二すじの縦長で黄色の斑点《はんてん》があり、死ぬと白く変わる。
注7　ゴマダラカミキリ…木などを食べる昆虫。黒字の体に白ゴマのような斑点が並んでいる。

問い

一　〰〰部a～jについて、カタカナは漢字になおし、漢字はひらがなで読みを書きなさい。

二　〔　〕部Ⅰ～Ⅳに入る言葉の組み合わせとして最もふさわしいものを次の**ア**～**エ**のうちから一つ選び、記号で答えなさい。

ア　Ⅰだから　Ⅱむしろ　Ⅲつまり　Ⅳでは

イ　Ⅰしかし　Ⅱそして　Ⅲつまり　Ⅳもっとも

ウ　Ⅰでは　Ⅱそのうえ　Ⅲそして　Ⅳだが

エ　Ⅰなぜなら　Ⅱたしかに　Ⅲそのうえ　Ⅳつまり

三　――部①「言葉も乱暴にそよぎます」とありますが、これはどういうことを意味していますか。説明として最もふさわしいものを次の**ア**～**エ**のうちから一つ選び、記号で答えなさい。

ア　いろいろな言葉に変化するということ。

イ　ついつい厳しい表現になってしまうということ。

ウ　あれこれと言葉が浮かんでくるということ。

エ　うまく表現できず、いらいらするということ。

四　――部②「その原理」とは、どのような考えのことを言いますか。「～という考え」に続くように、二十字以内で答えなさい。

五　――部③「この世に生まれてきた自分を最大限に花咲かせること」と同じ内容を示す表現を本文中から十字以内で抜《ぬ》き出して答えなさい。

六　――部④「心を見つめるとは、自身が使う言葉についてあらためて目を見開いていく行為を意味します。」とありますが、このように筆者が述べるのは筆者がどのような考えを持っているからですか。本文中から二十字以内で抜き出し、最初と最後の二字を書きなさい。

七　A に入る語として最もふさわしいものを次のア～オのうちから一つ選び、記号で答えなさい。
ア　合理　イ　効率　ウ　創造　エ　安定　オ　先進

八　――部⑤「言葉の森であること」の後に省略されている表現を本文中から十字以内で抜き出して答えなさい。

九　B に入る語として最もふさわしいものを次のア～オのうちから一つ選び、記号で答えなさい。
ア　さいなまれ　イ　たたかれ　ウ　追い回され　エ　せまられ　オ　すすめられ

十　――部⑥「それだけに」を、同じ意味を表す別の表現に言いかえなさい。

十一　C に入る語として最もふさわしいものを次のア～オのうちから一つ選び、記号で答えなさい。
ア　まじまじと　イ　ふらふらと　ウ　いらいらと　エ　きらきらと　オ　おずおずと

十二　――部⑦「次回からは回転寿司でいいや」と筆者が思った理由を四十字以内で答えなさい。

十三　――部⑧「カブトムシもクワガタムシもカミキリムシも全部まとめてビートルと言います。」とありますが、このように区別できないのはなぜですか。本文中の言葉を用いて二十字以内で答えなさい。

十四　――部⑨「言葉とはなにか?」という問いに対する筆者の考えを本文中の言葉を用いて四十字以内で答えなさい。

問7		問8		問9	

3

問1	A	B	C	D
問2				

受験番号		名前		得点	※50点満点（配点非公表）

4

(1)		(2)	
(3)			

(4)
① □□□□□□□□□□ 10
② □□□□□□

(5)

(6)	①	②	③
(7)	① 向き	②A B	

受験番号		名前		得点	※50点満点 （配点非公表）

3

(1)	%	(2)	g

4

(1)	cm^2	(2)	cm^3

5

(1)	通り	(2)	通り
(3)	理由		

受験番号		名前		得点	※100点満点 （配点非公表）

令和五年度　中学校入学試験問題Ⅰ　解答用紙

国語

受験番号	
名　前	
得　点	

※100点満点
（配点非公表）

一

a	b	c	d	e
		い		

f	g	h	i	j
ら	ます	げる		

二

A	B	C	D

三

Ⅰ	Ⅱ	Ⅲ

四

令和５年度　中学校入学試験問題Ⅰ

理　　　　科

（２０分）

「始め」の合図があるまでは問題を開いてはいけません。

注意

1. 「始め」の合図で始め、「やめ」の合図で、すぐにやめなさい。
2. この問題は表紙もいれて、１ページから８ページまであります。試験開始の合図があったら、中をたしかめ、印刷のはっきりしないものや、ページのたりないものがあったら、すぐに申し出なさい。
3. 答えは、すべて解答用紙の決められたところに、指示された方法で答えなさい。
4. 受験番号は全て数字で書きなさい。

1 会話文を読んで、次の各問いに答えなさい。

Aさん：この前、花束をもらったのだけど、花が下を向いて元気がなかったの。そうしたら、お母さんに「水の入った花びんに入れれば、元気になるよ。」と言われたので、花びんに入れたら、本当に花がピンっとなって、元気になったの。どうして元気になったのかな。

Bさん：理科の授業で、植物のくきの切り口から水が吸収されるので、植物がピンってなると聞いたよ。

Aさん：本当に水が吸収されているのかな。吸収された水はどこに行くのかな。

Bさん：理科の教科書で、植物とビニール袋で水を吸収するかどうか調べる実験がのっていたよ。

(1) 植物のくきの切り口から水が吸収されるかどうか調べるにはどのような実験をすればよいですか。下の文章の①～③に入る言葉を、次の**ア**～**カ**から選び、記号で答えなさい。

Ⓐくきに葉のついた植物を用意し、くきの下の方を切ってから、水の入ったビーカーに切り口が（　①　）して入れておく。

Ⓑもう1つ同じ大きさ同じ形のビーカーに、水を入れたものを準備してから、（　②　）を用意する。

同じ時間でⒶとⒷのビーカーでどれだけ（　③　）に差があるかを調べる。

ア 水につかるように　　**イ** 水につからないように
ウ ポンプで空気を入れたもの　　**エ** くきに葉のついた植物を入れないもの
オ 水が減った量　　**カ** 水が増えた量

(2) 地面に植えてある葉のついた植物にビニール袋をかぶせて、ひもですき間ができないように閉じました。昼間、一定時間たった後、ビニール袋の内側の表面のようすはどうなっているか答えなさい。

(3) 植物の葉から水蒸気が体外に放出されることを何といいますか。漢字2字で答えなさい。

(4) 植物の葉から水蒸気が体外に放出される小さな穴を何といいますか。

(5) 植物が吸収した水はでんぷんを作るのにも利用されます。その時に必要なものをもう1つ答えなさい。

2　右の写真は、山口県萩市《はぎし》のある地点で撮《と》られた写真です。次の各問いに答えなさい。

(1)　写真のような土地のしま模様《もよう》はいくつかの層が広く積み重なって出来ています。このような層の重なりを何というか答えなさい。

(2)　(1)は流れる水のはたらきによってできます。下の文章は流れる水のはたらきについて述べた文章です。①、②に当てはまる言葉を答えなさい。

流れる水は、流れの速い場所では、地面を（　①　）する。その後、石や土を運搬《ぱん》するはたらきがある。流れのゆるやかな場所では石や土が（　②　）する。流れる水の量が増えると、①や運搬のはたらきは大きくなる。

(3)　プラスチックの容器に、水、れき、砂、泥を入れて、よくかき混ぜ、すばやく水平な場所に置きました。しばらく置いた後のプラスチックの容器の中の様子で正しいものを次の**ア**～**エ**から１つ選び、記号で答えなさい。

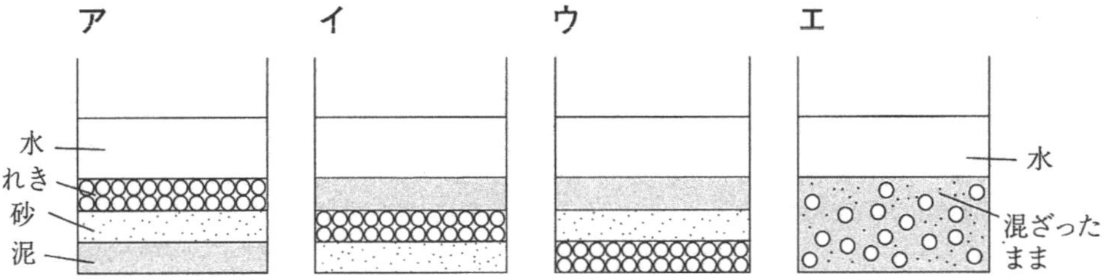

3 450g の水に 50g の食塩をとかします。次の各問いに答えなさい。

(1) この食塩水の濃さは何 % ですか。

(2) (1)で作った食塩水に何 g の水を加えると濃さが 8%になりますか。

4　次の立体は、直方体を、切り口が長方形となるような１つの平面で切ってできたものです。次の各問いに答えなさい。

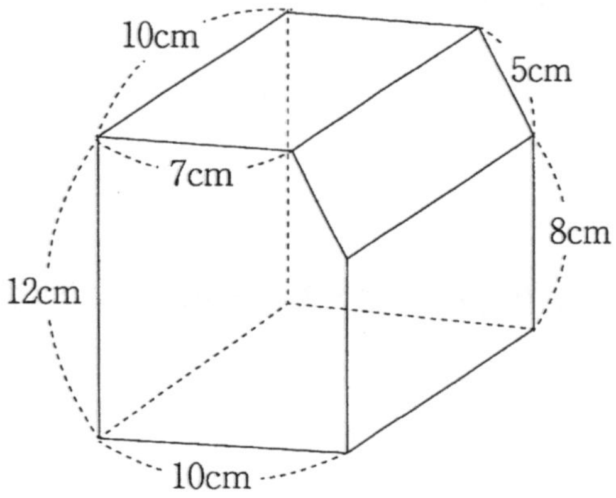

(1)　この立体の表面積を求めなさい。

(2)　この立体の体積を求めなさい。

5 正方形ABCDがあります。はじめにご石を点Aに置き、さいころを1回投げるごとに出た目の数だけ時計の針と反対回りにご石を進めます。例えば、1回目に2が出たらご石は点Cへ進み、2回目に1が出たら1回目の位置から続けて移動しご石は点Dへ進みます。次の各問いに答えなさい。

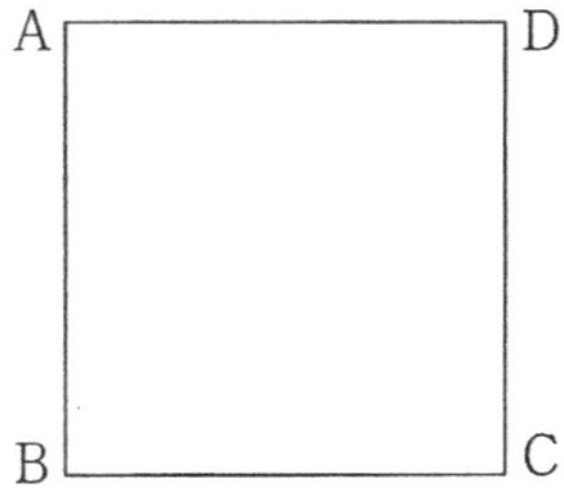

(1) さいころを1回投げるとご石が点Cへ進みました。さいころの目の出方は全部で何通りありますか。

(2) さいころを2回投げるとご石が点Cへ進みました。さいころの目の出方は全部で何通りありますか。

(3) さいころを2回投げて2回とも同じ目が出ました。この場合、2回投げ終わった後に、ご石は点Bと点Dの位置に止まることはありません。その理由を説明しなさい。

令和５年度　中学校入学試験問題Ⅰ

社　　会

（２０分）

「始め」の合図があるまでは問題を開いてはいけません。

注意

1.「始め」の合図で始め、「やめ」の合図で、すぐにやめなさい。

2.　この問題は表紙もいれて、１ページから７ページまであります。試験開始の合図があったら、中をたしかめ、印刷のはっきりしないものや、ページのたりないものがあったら、すぐに申し出なさい。

3.　答えは、すべて解答用紙の決められたところに、指示された方法で答えなさい。

4.　受験番号は全て数字で書きなさい。

1　次のA～Dのカードは、各時代の遺跡《いせき》から読み取れる内容をまとめたものです。それぞれのカードを読んで、問題に答えなさい。

A

全国から多くの古墳が発見されているが、①特に大きな古墳が一部の地域に集中していることから、その地域に大きな力を持つ勢力が現れた様子を知ることができます。

B

岩手県の柳之《やなぎの》御所《ごしょ》遺跡《いせき》から土器や陶磁器《とうじき》などが数多く発掘《はっくつ》され、②奥州藤原氏が③京都や中国と交流していた様子を知ることができます。

C

当時の役所の跡《あと》から④木の荷札が多く発掘され、⑤律令に基づいて納める税などの様子を知ることができます。

D

福井県の一乗谷【　⑥　】氏遺跡から建物の跡や様々な道具などが発掘され、【　⑥　】氏が⑦織田信長に滅《ほろ》ぼされた際に焼失した城下町の様子を知ることができます。

問1　下線部①について、特に大きな古墳が集中している地域として正しいものはどれですか。次の**ア**～**エ**から一つ選び、記号で答えなさい。

ア　福岡県から長崎県　　　　**イ**　奈良県から大阪府
ウ　石川県から京都府　　　　**エ**　東京都から神奈川県

問2　Aのカードの時代の発掘物として、埼玉県と熊本県から同じ人物の名が刻まれた刀剣《とうけん》が発見されており、その人物の影響《えいきょう》力が広い範囲《はんい》におよんでいたことがわかります。その人物を、解答用紙に合わせて答えなさい。

問3　下線部②について、藤原清衡が争いのない平和な浄土をつくるという願いのもとに平泉に建て、現在は世界遺産となっている寺はどれですか。次の**ア**～**エ**から一つ選び、記号で答えなさい。

ア　中尊寺　　**イ**　法隆寺　　**ウ**　国分寺　　**エ**　東大寺

問4　下線部③について、この時代に年中行事として京都で始まり、現在にも伝えられている祭りとして正しいものはどれですか。次の**ア**～**エ**から一つ選び、記号で答えなさい。

ア　神田祭　　**イ**　よさこい祭　　**ウ**　賀茂祭　　**エ**　ねぶた祭

問5　下線部④について、これを何というか答えなさい。

問6　下線部⑤について、(1)・(2)の問いに答えなさい。

(1)　この時代の調という税の説明として正しいものはどれですか。次の**ア**～**エ**から一つ選び、記号で答えなさい。

ア　稲《いね》の収穫高《しゅうかくだか》の約3%を納める。

イ　織物や地方の特産物を納める。

ウ　九州北部の守りを3年間おこなう。

エ　都で年に10日間働くかわりに、布を納める。

(2)　農民の苦しい生活の様子や、里長の厳しい税の取り立ての様子を描《えが》いた長歌である、『貧窮問答歌』をよんだ人物を答えなさい。

問7　**【　⑥　】**にあてはまる語として正しいものはどれですか。次の**ア**～**エ**から一つ選び、記号で答えなさい。

ア　朝倉　　**イ**　徳川　　**ウ**　伊達　　**エ**　足利

問8　下線部⑦について、織田信長に関する説明として**誤っているもの**はどれですか。次の**ア**～**エ**から一つ選び、記号で答えなさい。

ア　長篠の戦いに勝った翌年に安土城をつくり、天下統一に向けた拠点《きょてん》とした。

イ　京都の本能寺で家来の明智光秀におそわれて、自害した。

ウ　ヨーロッパから伝えられたキリスト教を保護し、教会堂などの建築を許可した。

エ　百姓と武士との身分の固定化をはかるために、刀狩令を出した。

問9　**A**～**D**のカードを、時代の古いものから順にならべかえ、解答用紙に合わせて記号で答えなさい。

2　次の３つの資料は、貝のカキ（牡蠣）について調べた発表資料です。それぞれの資料を読んで、問題に答えなさい。

【カオリさんの発表資料】カキの収穫《しゅうかく》と消費の関係

カキの収穫が多い都道府県

単位：トン

1位	広島県	95992
2位	[A]	18432
3位	岡山県	15289
4位	兵庫県	9115

農林水産省「海面漁業生産統計調査」（2020年）より作成しました。

カキの年間消費金額が多い県庁所在地

単位：円

1位	広島市	2633
2位	仙台市	1357
3位	岡山市	1308
4位	[B]	1121

総務省「家計調査」品目別ランキング（2019年～2021年の平均）より作成しました。金額は世帯あたりの平均です。

○ 全国のカキ収穫量（2020年）は約16万トンなので、そのうち約[C]割が広島県で収穫されています。

○ 年間消費金額が多い県庁所在地は、いずれも収穫量が多い都道府県に位置する都市です。このことは、カキの[D]を表していると考えました。

問１　発表資料の内容を参考にして、[A]にあてはまる都道府県と、[B]にあてはまる都市を、解答用紙に合わせて、それぞれ漢字で答えなさい。

問２　[C]にあてはまる数字を、整数で答えなさい。

問３　[D]には、「遠くから食材を運ぶより、なるべく住んでいる土地のそばで生産された食材を使うこと」を意味する語が入ります。この語を漢字４字で答えなさい。

3 火山の活動や地震について、次の各問いに答えなさい。

(1) 次の文章は、火山がもたらす恵みを述べた文章です。次の**ア**～**エ**から誤《あやま》っている文章を１つ選び、記号で答えなさい。

ア 火山の熱を利用して電気を作る地熱発電が行われている。

イ 水はけがよい火山灰をふくむ土を利用して、作物を栽培している。

ウ 火山の熱などを利用した温泉がある。

エ 火山ガスが発生することにより、空気中の汚染物質が減少する。

(2) 地震のゆれなどによってできる土地のずれを何というか答えなさい。

(3) 地震による大きなゆれが予想されるときに発表される警報を何というか答えなさい。この警報から実際のゆれまでは、長くても数十秒ほどのため、警報が流れたら、すばやく身を守る行動を取る必要があります。

4　ゼリーの位置の変化を観察して、ものの体積の変化について調べようと考え、次の操作を行いました。ただし、ガラス管は十分に長く、ゼリーはガラス管の中をなめらかに動くものとします。

操作１　決められた位置にゼリーを閉じ込めたガラス管に、ゴム栓《せん》と試験管を取り付けた。(図１)
操作２　決められた位置にゼリーを閉じ込めたガラス管に、ゴム栓とガラス器具Ｘを取り付けた。(図２)
操作３　決められた位置にゼリーを閉じ込めたガラス管に、ゴム栓と少量のエタノール(沸点78℃)の入ったガラス器具Ｘを取り付けた。(図３)
操作４　図１の装置を60℃のお湯を張った水槽《そう》で10分間あたためた。(図Ａ)
操作５　図２の装置を60℃のお湯を張った水槽で10分間あたためた。(図Ｂ)
操作６　図２の装置を90℃のお湯を張った水槽で10分間あたためた。(図Ｂ)
操作７　図３の装置を90℃のお湯を張った水槽で10分間あたためた。(図Ｃ)

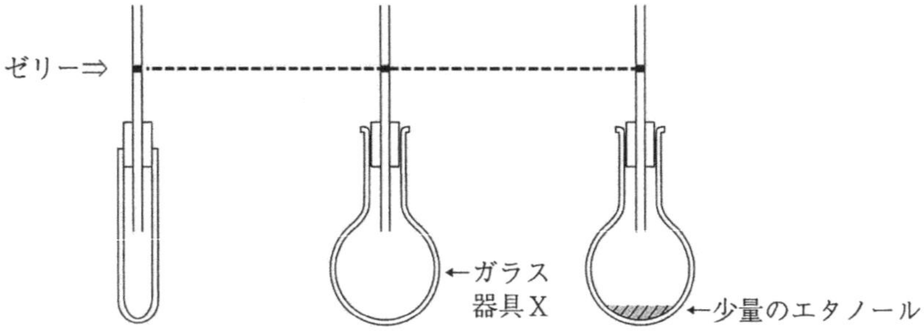

図１　　図２　　図３

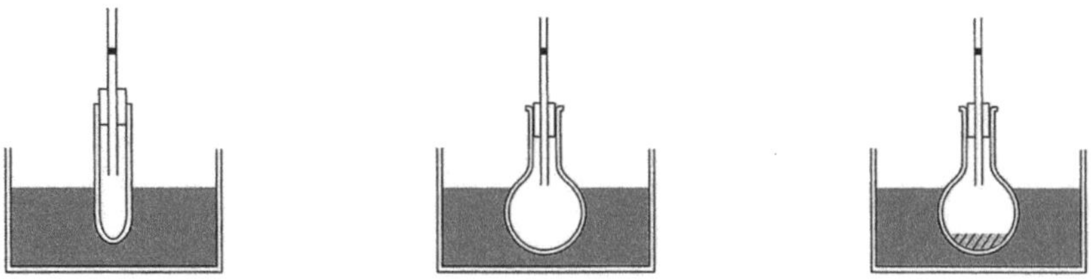
図Ａ　　図Ｂ　　図Ｃ

(1)　ガラス器具Ｘの名称《めいしょう》を答えなさい。

(2)　図１の試験管の中には空気が入っています。空気に関する記述として最も適切なものを、次の**ア**～**エ**から１つ選び、記号で答えなさい。

ア　空気はいくら冷却しても液体に変化しない。

イ　空気には水素や酸素やアンモニアなどが含まれる。

ウ　空気の体積の約 21％は酸素である。

エ　この試験管の中に石灰水を入れてよく振ると、石灰水が白くにごる。

(3)　操作４と操作５を比較《ひかく》すると、操作５の方がゼリーの位置が大きく変化しました。この理由を簡潔《かんけつ》に答えなさい。

(4)　操作６と操作７を比較すると、操作７の方がゼリーの位置が大きく変化しました。この理由は、エタノールが（　①　）して、操作６よりも操作７の方が体積が（　②　）からだと考えられます。

文中の①、②に当てはまる言葉をそれぞれ答えなさい。ただし、①は５字以上 10 字以内で、②は６字以内で答えなさい。

(5)　温度により物質の体積が変化することを利用したものとして最も適切なものを、次の**ア**～**エ**のうちから１つ選び、記号で答えなさい。

ア　電子レンジ　　**イ**　食器乾燥機　　**ウ**　扇風機《せんぷうき》　　**エ**　温度計

(6)　次に、空気、水、金属（アルミニウムの棒）をあたためたときの変化について調べます。空気と水はそれぞれガラス器具Ｘに入れ、ガラス管とゴム栓を取り付けます。空気の場合は、図２のようにガラス管の先にゼリーをつめます。空気、水、金属の最初の温度はそれぞれ 20℃です。金属は直接、実験用ガスコンロで加熱し、空気や水を入れたガラス器具Ｘは 60℃のお湯に入れます。空気と水は、実験器具の外に逃げないものとします。

①　空気、水、金属の中で、温度による体積の変化の割合が一番大きいのはどれですか。次の**ア**～**エ**から１つ選び、記号で答えなさい。

ア　空気　　**イ**　水　　**ウ**　金属　　**エ**　体積の変化はすべて同じ

② 空気、水、金属の中で、あたためる前と後で重さが変化するものはどれですか。次の**ア**～**エ**から１つ選び、記号で答えなさい。

ア 空気　　**イ** 水　　**ウ** 金属　　**エ** 重さはどれも変化しない

③ 同じ体積、同じ重さの容器に20℃、40℃、60℃の空気を入れて重さを比べる時、何℃の空気が一番軽いですか。次の**ア**～**エ**の中から１つ選び、記号で答えなさい。

ア 20℃　　**イ** 40℃　　**ウ** 60℃　　**エ** 重さはすべて同じ

(7) 部屋の壁《かべ》の上部に取り付けたエアコンの暖房《だんぼう》を使って、寒い部屋をあたためます。

① 風向きを１つの方向に設定して部屋全体を効率よくあたためようとする時、風向きをどうすればよいですか。

② ①の理由を説明する下の文のＡ、Ｂにあてはまる言葉を答えなさい。

冷たい空気は部屋の（　Ａ　）の方にたまり、あたたかい空気は部屋の（　Ｂ　）の方にいくから。

令和５年度　中学校入学試験問題Ⅰ

算　　　数

（４０分）

「始め」の合図があるまでは問題を開いてはいけません。

注意

1. 「始め」の合図で始め、「やめ」の合図で、すぐにやめなさい。
2. この問題は表紙もいれて、１ページから７ページまであります。試験開始の合図があったら、中をたしかめ、印刷のはっきりしないものや、ページのたりないものがあったら、すぐに申し出なさい。
3. 答えは、すべて解答用紙の決められたところに、指示された方法で答えなさい。
4. 受験番号は全て数字で書きなさい。

1 次の計算をしなさい。

(1) $50 - 24 + 16$

(2) $2\frac{1}{5} + \frac{3}{5} \div \frac{3}{4}$

(3) $3.24 \div 0.8$

(4) $0.75 \times \frac{5}{6} \div 1\frac{1}{4}$

(5) $120 - 20 \div 2 \times 5$

2　次の□にあてはまる数を求めなさい。

(1)　$(18 + \square \times 3) \div 6 = 4$

(2)　3つの数　$\frac{2}{3}$，0.8，$\frac{3}{4}$ のうち、一番大きい数は□です。

(3)　1から100までの整数のうち、4でも6でも割り切れる数は全部で□個あります。

(4)　200g ＝□kg

(5) □円の70%が2800円です。

(6) 面積が30cm^{2}の正六角形ABCDEFがあります。

三角形CDFの面積は□cm^{2}です。

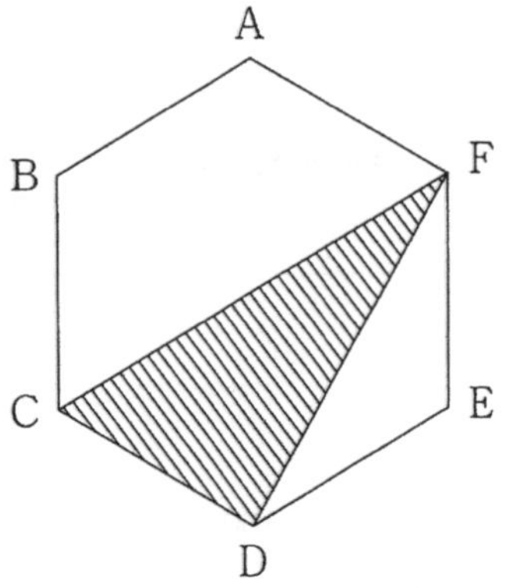

(7) 分速200mで走る自転車が50分間で進む道のりは［　①　］kmです。

この道のりを時速40kmの自動車で行くと［　②　］分かかります。

令和５年度　中学校入学試験問題Ⅰ　解答用紙

社会

1

問1		問2	大王	問3		問4	
問5		問6	(1)	(2)			
問7		問8		問9	→　→　→		

2

問1	A　県	B　市	問2		問3	

【解答

令和５年度　中学校入学試験問題Ⅰ　解答用紙

理科

1

(1)	①	②		③	
(2)					
(3)		(4)		(5)	

2

(1)		(2)	①	②
(3)				

【解答

令和５年度　中学校入学試験問題Ⅰ　解答用紙

算 数

1

(1)		(2)		(3)	
(4)		(5)			

2

(1)		(2)		(3)	個
(4)	kg	(5)	円	(6)	cm^2
(7)	① km		② 分		

五	六	七	八	九	十	十一
	〜			(1)		
				(2) あ		
				い		

【ユキさんの発表資料】ガンビア共和国のカキ料理

私の家では、カキの入ったシチューを作りますが、ガンビア共和国という国でも、カキの入ったシチューをよく食べるそうです。

右の地図は、ガンビア共和国の位置を示しています。この国は、［ E ］大陸にある国の一つで、［ F ］国です。面積は11300km²、人口は約240万人なので、ガンビア共和国は、日本と比べ［ G ］ことがわかりました。

地図中の◎印は，おおよその位置を示しています。
地図は「CraftMAP」のウェブサイトを利用して作成しました。

問4 ［ E ］にあてはまる語を答えなさい。

問5 ［ F ］にあてはまる内容を、次の**ア**～**エ**から一つ選び、記号で答えなさい。

ア 赤道より北に位置し、大西洋に面している
イ 赤道より北に位置し、太平洋に面している
ウ 赤道より南に位置し、大西洋に面している
エ 赤道より南に位置し、太平洋に面している

問6 ［ G ］にあてはまる内容を、次の**ア**～**エ**から一つ選び、記号で答えなさい。

ア 面積は大きく、人口も多い
イ 面積は大きく、人口は少ない
ウ 面積は小さく、人口は多い
エ 面積は小さく、人口も少ない

【ミズキさんの発表資料】北海道厚岸《あっけし》町の「ダブルミルク」メニュー

右の写真は、厚岸町のレストランで人気の、地元で生産された二つの「ミルク」を使った料理です。

一つ目の「ミルク」は、牛乳です。厚岸町の北部は根釧台地に位置し、酪農《らくのう》がさかんです。そこで生産される良質の牛乳が、このメニューでは使用されています。

もう一つの「ミルク」は、「海のミルク」とも呼ばれる、カキのことです。厚岸という地名が、「カキのたくさん取れる所」を意味する[H]語に由来しているという説があるくらい、厚岸町は古くからカキが取れる場所でした。寒流の千島海流の影響《えいきょう》を受ける海域ですが、2021年は例年より海水温が高く、[I]による深刻な漁業被害《ひがい》が発生しました。しかし、カキは一時的に酸素を必要としない「嫌気《けんき》呼吸」という生活のしかたに切りかえることで、この環境《かんきょう》のなかでも生き延びることができるため、大きな被害なく出荷することができました。

問7 [H]には、この地域にもともと暮らしていた先住民族の呼び方が入ります。この語をカタカナ3字で答えなさい。

問8 [I]には、「海の中のプランクトンが大量に発生することで起こる現象」を意味する語が入ります。この語を漢字2字で答えなさい。

問9 発表資料の内容を参考にして、厚岸町の位置を下の地図の**ア**～**エ**から一つ選び、記号で答えなさい。

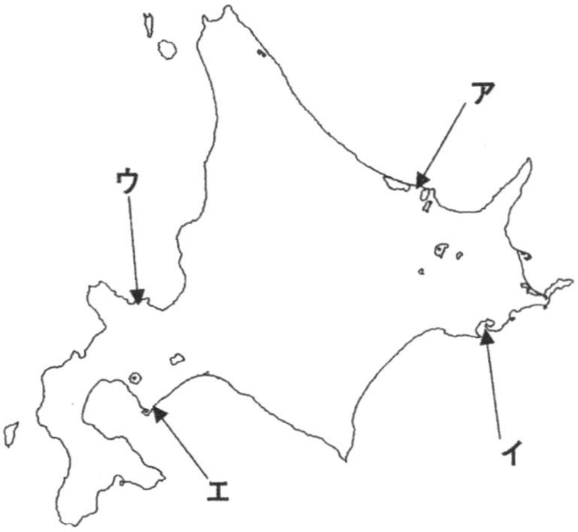

＊右の地図は「CraftMAP」のウェブサイトを利用して作成しました。

3 次の資料は、日本国憲法の内容について調べた発表資料です。資料を読んで、問題に答えなさい。

【前文の一部分】われらは、全世界の国民が、ひとしく恐怖《きょうふ》と欠乏《けつぼう》から免《まぬ》かれ、[A]のうちに生存する権利を有することを確認する。

＊ *この権利を実現するために、日本の立場を宣言している条文が、第9条です。*

【第22条】何人も、公共の福祉《ふくし》に反しない限り、居住、移転及《およ》び[B]選択《せんたく》の自由を有する。

＊ *憲法が保障しているさまざまな自由のうち、「経済活動の自由」についての条文です。*

【第25条】すべて国民は、健康で[C]的な最低限度の生活を営む権利を有する。

＊ *この権利を実現するために、第26条では「教育を受ける権利」を保障しています。*

【第41条】国会は、国権の最高機関であつて、国の唯一《ゆいいつ》の[D]機関である。

＊ *国の政治における、国会の役割を示しています。なお、地方の政治については、第94条などで定められています。*

問1 [A]〜[D]にあてはまる語を、それぞれ漢字2字で答えなさい。

問2 資料中の下線部に関連して、広島市の組織や運営についての説明として正しい内容を、次の**ア**〜**エ**から一つ選び、記号で答えなさい。

ア 広島市長は、内閣の指名によって選ばれる。

イ 広島市の収入は、そのすべてが、市民が市に直接納めている税金である。

ウ 広島市議会は、必要な条例を制定することができる。

エ 広島市の予算は、国会の議決によって決められる。

令和５年度　中学校入学試験問題Ⅱ

算　　　数

（４０分）

「始め」の合図があるまでは問題を開いてはいけません。

注意

1. 「始め」の合図で始め、「やめ」の合図で、すぐにやめなさい。
2. この問題は表紙もいれて、１ページから６ページまであります。試験開始の合図があったら、中をたしかめ、印刷のはっきりしないものや、ページのたりないものがあったら、すぐに申し出なさい。
3. 答えは、すべて解答用紙の決められたところに、指示された方法で答えなさい。
4. 受験番号は全て数字で書きなさい。

1 次の計算をしなさい。

(1) $11 + 12 + 13 + 14$

(2) $\frac{1}{5} - \frac{3}{125} + \frac{1}{25}$

(3) $48 - 36 \times 2 \div 6$

(4) $0.75 \times 4 - \frac{3}{4} \div 0.25$

(5) $\left(2\frac{5}{6} - \frac{2}{3}\right) \times 6 \div 1\frac{5}{8}$

2 次の[　　　]にあてはまる数を求めなさい。

(1) 500 円の 30%引きは[　　　]円です。

(2) 36, 72, 84 の最大公約数は[　　　]です。

(3) 時速[　　　] km で走っている車は、1 分で 1200m 進みます。

(4) 半径が[　　　] cm の円の周は、15.7cm です。ただし、円周率 3.14 とします。

(5) 14 : 49 =[　　　] : 7

(6)　２組の三角定規を使ってできる、次のアの角は□度です。

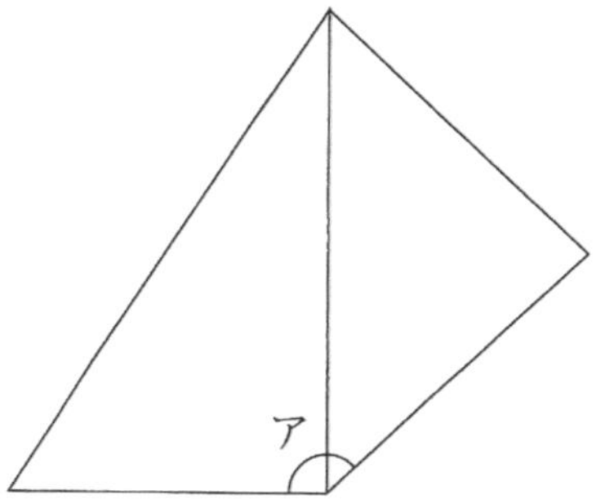

3　右の図は、ある立体の展開図です。次の各問いに答えなさい。

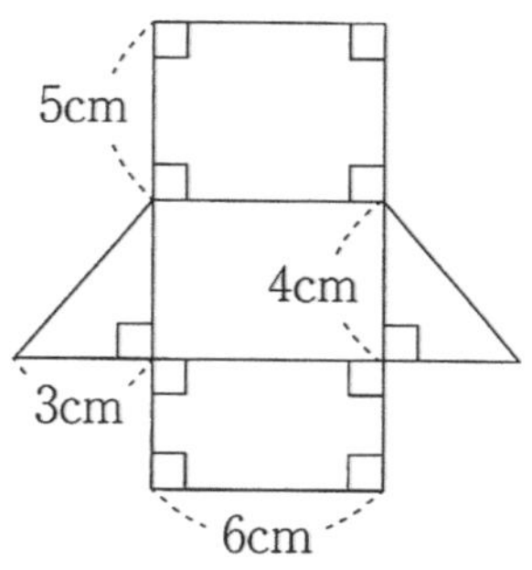

(1)　立体の名前を答えなさい。

(2)　立体の表面積を求めなさい。

(3)　立体の体積を求めなさい。

令和五年度　中学校入学試験問題Ⅱ　解答用紙

国語

受験番号	
名前	
得点	

※100点満点
（配点非公表）

一		二	三	四	五	六
a	f			という考え		～
b	g					
c	h					
d	i					
e	j					

4

(1)	枚	(2)	枚	(3)	枚

5

(1)	
(2)	Dさんの得点（　　　）点
(3)	点

受験番号		名前		得点	※100点満点 （配点非公表）

令和５年度　中学校入学試験問題Ⅱ　解答用紙

算数

1

(1)		(2)		(3)	
(4)		(5)			

2

(1)		(2)		(3)	
(4)		(5)		(6)	

【解答用

八	九	十	十一	十二	十三	十四

4 同じ大きさの正方形タイルをすき間なくしきつめて、正方形を作ります。例えば9枚の正方形タイルをしきつめると図のようになります。この場合、1辺の正方形タイルの枚数は3枚で、いちばん外側にならんでいる正方形タイルは8枚になります。次の各問いに答えなさい。

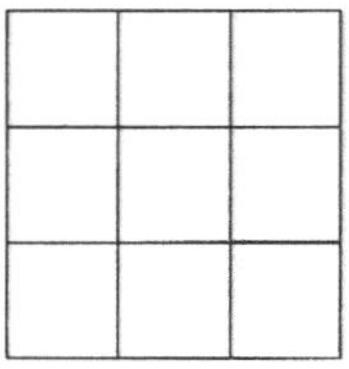

(1) 正方形タイルを36枚しきつめるとき、1辺の正方形タイルは何枚ありますか。

(2) 1辺の正方形タイルが10枚のとき、いちばん外側にならんでいる正方形タイルは何枚ありますか。

(3) いちばん外側にならんでいる正方形タイルが56枚のとき、正方形タイルは全部で何枚ありますか。

5 100点満点の算数テストをAさん、Bさん、Cさん、Dさんの4人が受けたとき、次のような結果になりました。

① Aさんは Bさんより18点得点が高かった。

② Bさんは Cさんより14点得点が低かった。

③ Cさんは Dさんより18点得点が低かった。

次の各問いに答えなさい。

(1) 1番得点が低かったのは誰になりますか。

(2) Bさんの得点が52点のとき、Dさんの得点は何点になりますか。文章や式を使って理由も説明しなさい。

(3) 平均点が76点のとき、Aさんの得点は何点になりますか。

令和四年度　中学校入学試験問題Ⅰ

比治山女子中学校

国　語

（40分）

「始め」の合図があるまでは問題を開いてはいけません。

注意

一、「始め」の合図で始め、「やめ」の合図で、すぐにやめなさい。

二、この問題は表紙もいれて、1ページから8ページまであります。
試験開始の合図があったら、中をたしかめ、印刷のはっきりしないものや、ページのたりないものがあったら、すぐに申し出なさい。

三、答えは、すべて解答用紙の決められたところに、指示された方法で答えなさい。

次の文章を読んで、後の問いに答えなさい。　※句読《くとう》点・記号は字数に含みます。

[1]　現在の科学・技術の限界が見えた例として、①2011年3月11日の東日本大震災《しんさい》が挙げられると思います。まず、大地震や大津波《つなみ》の発生を正確に[あ]予測できない科学の弱点が露《あら》わに[い]なりました。私たちは、科学がすべての自然現象を解明しているわけではないことを知ったのです。さらに、引き続いて起こった福島第一原子力発電所（原発）のメル[注1]トダウン事故は、現代技術の粋《すい》であるはずの原発が[a]イガイに[A]脆《もろ》いものであることを見せつけました。現代の科学と技術が万全《ばんぜん》でないことが明らかに[う]なったのです。多くの人々《ひとびと》は、「原発は安全」との宣伝をすっかり信じ込《こ》んでいたのですが、それがまさに「[B]神話」でしかなかったことを思い知らされることになりました。その結果、「私たちは安全神話に騙《だま》されていた」と言うのですが、それは事実だとしても、原発を推進してきた政府や電力会社や原子力の専門家を[b]ヒナンするだけでいいのでしょうか。

[2]　というのは、言論・出版の自由がある日本においては、原発が危険な施設《しせつ》であって脱《だつ》原発の道を歩むべきだと主張する運動が存在し、多くの本が出版され、インターネットでも情報をえることができました。勉強しようと思えば、いつでも原発の危険性を知ることができたはずです。ところが、多くの人たちはそれらの警告には耳を貸さず、原発の「安全神話」のみを信じ込んでいたのです。そして事故が起こった後に[え]なって、「原発がそんな危険なものとは知らなかった」と言っているわけです。果たしてそれでいいのでしょうか。原発について知ろうとしないまま、ただ騙されていたと言う自分も悪かったと反省する必要があるのではないでしょうか。

[3]　人々のこのようなあり方に、②現代社会の大きな落とし穴があると言えそうです。私たちは科学・技術の恩恵《おんけい》に慣れ過ぎて、科学・技術が必然的に持っている負の側面を考えることがなくなっているということです。その結果、何ら疑うことなく一方的な[c]センデンに乗せられ、[d]カンタンに騙されてしまったわけです。二度と騙されないために、私たちは科学・技術の内実を知っておかねばならないと言えるのではないでしょうか。

[4] といっても実際のところは、勉強すべきことがあまりに多くあり過ぎて、すべての科学・技術の詳《くわ》しい内容まで知ることができないのが実情です。[Ⅰ]、物事を見たときに、何が問題であり、どこを押《お》さえておけばよいか、どう対応すべきか、について判断する観点を身につけることはできるでしょう。科学・技術の考え方・進め方には一般《いっぱん》的な法則というものがあり、それをeタイトクすれば応用が可能になるからです。[Ⅱ]、日頃《ひごろ》からその観点でものを見ることを心がけていればいいわけです。本書で、そのためのヒントがえられればと思っています。

[5] [Ⅲ]、科学・技術の産物だけでなく、世の中に存在するすべての物事には、プラスとマイナス、正と負、善と悪、長所と短所、[Ⅳ]と弊害《へいがい》という二面性があります。光があれば必ず影《かげ》が生じるように、100%すべてプラスということはありえず、プラスには必ずマイナスの要素が付随《ふずい》しているのです。特に、科学・技術が世の中のあらゆる側面に入り込むようになっている現代社会においては、科学・技術に起因する負の側面の影響《えいきょう》が大きくなり、場合によっては人のfイノチに関わる事件になりかねません。それだけに、科学・技術が持つ二面性をよく理解し、プラス面は活かし、マイナス面は小さくするようgツトめる、そんな姿勢が科学・技術文明の時代に生きる私たちに求められていると言えるでしょう。

[6] 例えば、十分な副作用の検査を行わないまま新薬が市販《しはん》され、病気がhナオると信じて飲んだ人々が、かえって重篤《じゅうとく》[注2]な病気になるという事件がこれまで何度も起こりました。「薬害」です。そんな被害《ひがい》を受けたとき、たんに運が悪かったといって泣き寝《ね》入りして済ませてしまっていいものでしょうか。やはり、薬品会社を訴《うった》えて検査の実態を明らかにし、償《つぐな》いをさせたいですね。

[7] その場合、薬の開発過程や毒性検査や副作用に関する実験などについて勉強し、裁判においては、会社側の落ち度を追及《ついきゅう》する必要があります。そのためには科学・技術に関する知識が不可欠で、実際にはiベンゴ士の助けを借りて、自分も学びながら実態に迫《せま》っていくということになります。「私は科学に弱いからとてもついていけない」と言っていると

落ちこぼれてしまうでしょう。それでは悔《くや》しいですね。会社側のC逃げ口上《こうじょう》を見破ってjシャザイを勝ち取るためには、科学・技術に対する基本的な素養が必要なのです。

8 ③これは一例ですが、科学・技術が原因となる事件はいくらでも起こる可能性があるのですから、私たちは日頃から科学・技術に慣れ親しんで、「知らなかった」とか「騙された」と言わないよう、科学的な見方・考え方を鍛《きた》えておくことが大切です。また、自分に関係がないときでも、科学・技術に関わる事件や事故が起こった場合に、実際に何が間違《まちが》っていたか、その原因がどこにあるか、誰《だれ》に責任があるか、二度と起こさないためにはどうすべきか、などを考えるクセを身につけることが大切です。④そうすることは、社会に起こるさまざまな事柄《ことがら》について、その原因と結果の結びつき（これを「因果関係」と言います）を科学的に考えるための訓練になるからです。私たちは、このようにして曇《くも》りのない目で社会に生起するさまざまな事柄を見、その因果関係を見通して正邪《せいじゃ》を判断する力を養っていくことができるのです。

9 なぜ、わざわざ科学的な考え方の重要性を強調するか、には理由があります。私たちは民主主義の時代に生きており、誰もが自由に意見を述べられ、それが尊重される建前になっていますが、必ずしもそのように社会が機能しなくなっている側面が見受けられるからです。私は「⑤お任せ民主主義」と呼んでいるのですが、むずかしいことは上の人や専門家に任せ、自分はそれらの人たちが言うことに従っていれば間違いがない、という姿勢が現代人に多く見受けられるようになっているということです。自分で考え判断する姿勢が失われていると言えるのではないでしょうか。

10 しかし、それでは一人一人の意志や考え方や疑問点が自由に表明されることがなくなり、D付和雷同《ふわらいどう》する人間ばかりとなって、最後には独裁的な社会になりかねません。生き生きとした知的で豊かな社会になるためには、誰もがしっかり自分の意見を表明し、他の人の言うことも聞き、互《たが》いに議論することを通して理解し合い、よりよい方向を見いだしていくというふうにならねばなりません。それが人間を互いに大事にし合う真の民主主義社会なのです。そのような社会にするためには、誰もが独立した人格の持ち主として尊重し合い、科学的に考えてお互いの意見を率直に出し合う、そんな健全な人間関係を作っていくことが大切です。その意味でも、科学的なものの見方・考え方は欠かせないのです。

（出典　池内《いけうち》了《さとる》『なぜ科学を学ぶのか』ちくまプリマー新書）

注1　メルトダウン…冷却水などがなくなり、原子炉の中心が高温になって、核燃料が溶けるという極めて危険な現象。

注2　重篤…………病状などがとても悪いこと。

問い

一　〜〜〜部**a**〜**j**について、カタカナを漢字になおしなさい。

二　＝＝＝部**A**〜**D**の本文中における意味として最もふさわしいものを次の**ア**〜**エ**からそれぞれ一つずつ選び、記号で答えなさい。

A「脆い」

ア　持ちこたえるための力が弱い。　**イ**　感情的で騙されやすい。

ウ　危険をともなう状態である。　**エ**　予測不能で恐ろしい。

B「神話」

ア　ある時代、ある場所において起きたと信じられ、語り伝えられてきたお話。

イ　自然現象や社会現象を神などの超自然的存在と関連させて説明された物語。

ウ　世間の人々によって、言いふらされていた、根拠《こんきょ》の明らかではないうわさ。

エ　実体は確かでないのに、長く人々により絶対のものと信じこまれていた事柄。

C 「逃げ口上」

ア　責任などをのがれようとしていう言葉。
イ　独りよがりで一方的な相手側の言い分。
ウ　理解してもらうための正当な反論。
エ　自分の犯したことを償うためのざんげ。

D 「付和雷同」

ア　自身に与えられた役割だけを、黙々《もくもく》とこなすこと。
イ　言葉にせずとも、お互いの心と心で通じ合うこと。
ウ　前後のことを考えずに、軽はずみに行動すること。
エ　自分に考えもなく、安易に他の意見に同調すること。

三　——部**あ**～**え**の「に」のうち、文法的に性質のことなるものを一つ選び、記号で答えなさい。

四　□部Ⅰ～Ⅲにあてはまる語の組み合わせとして、最もふさわしいものを次の**ア**～**エ**から選び、記号で答えなさい。

ア　Ⅰ　たとえば　Ⅱ　そして　Ⅲ　つまり
イ　Ⅰ　しかし　Ⅱ　もしくは　Ⅲ　つまり
ウ　Ⅰ　たとえば　Ⅱ　もしくは　Ⅲ　さて
エ　Ⅰ　しかし　Ⅱ　そして　Ⅲ　さて

五　——線部①「２０１１年3月11日の東日本大震災」について、これは本文の中でどのような例として挙げられていますか、最もふさわしいものを次の**ア**～**エ**から選び、記号で答えなさい。

ア　科学がすべての自然現象を解明していることを示す例。
イ　現在の科学技術が必ずしも万能ではないことを示す例。
ウ　原子力発電所が実は危険な施設であったことを示す例。
エ　日本には言論・出版の自由が守られていることを示す例。

六　――線部②「現代社会の大きな落とし穴がある」とありますが、筆者はどういうことに「落とし穴がある」と考えていますか、それが分かる部分を本文中から六十字以内で抜《ぬ》き出し、その最初と最後の三字を書きなさい。

七　［　　］部Ⅳについて、ここに入る言葉を本文中から漢字二字で抜き出しなさい。

八　――線部③「これは一例ですが」について、この「一例」について書かれている段落の段落番号をすべて答えなさい。

九　――線部④「そうすることは」とありますが、「そうすること」の指示内容を本文中から抜き出し、その最初と最後の三字を書きなさい。

十　――線部⑤「お任せ民主主義」について、

(1)　筆者はこの言葉で私たちのどういった状態を批判していると考えられますか、本文中の言葉を使って、二十字以内で書きなさい。

(2)　(1)の状態が広がることで、どんな社会になることを筆者は不安視していると考えられますか、本文中から六字以上八字以内で抜き出しなさい。

十一　次の一文は本文中のある段落の最後に入るものです。その段落を段落番号で答えなさい。

会社を信用して薬を買って服用した自分には何の落ち度もないのですから。

十二　……線部「科学・技術が持つ二面性」について、「科学・技術が持つ二面性」の具体例を一つ挙げて、次の条件に従ってその「二面性」を文章で説明しなさい。

① 具体例は本文で挙げられている例以外のものを使うこと。
② 文章は「科学・技術が持つ二面性について、○○を例に説明する。」から始めること。（○○には具体例を入れる）
③ ②の一文を含めて三文以上で書くこと。
④ 「マイナス」と「プラス」という二つの語を必ず使うこと。

令和四年度　中学校入学試験問題Ⅱ

国　語

（40分）

「始め」の合図があるまでは問題を開いてはいけません。

注意

一、「始め」の合図で始め、「やめ」の合図で、すぐにやめなさい。

二、この問題は表紙もいれて、1ページから7ページまであります。
試験開始の合図があったら、中をたしかめ、印刷のはっきりしないものや、ページのたりないものがあったら、すぐに申し出なさい。

三、答えは、すべて解答用紙の決められたところに、指示された方法で答えなさい。

2022(R4) 比治山女子中　Ⅱ
K 教英出版

次の文章を読んで、後の問いに答えなさい。 ※句読点・記号は字数に含みます。

命の[a]ジッカンというものを、どう回復するか、またどんなときに命の重みを感じることができるのか、それは大きな問題でしょう。

ときおり、ふっと自分の人生はこれでよかったのだろうか、と①自□自□することがあります。

②物事がうまくいっているときは、あまり考えないものですが、ちょっと体調が悪かったり、仕事が思うようにいかなかったり、〔 Ⅰ 〕、身近のところで人間関係のトラブルがあったりするとき、ふと立ち止まって〈人間の命の価値はどこにあるのか〉と考えてしまいます。

最近、(あ)痛感しているのは、人間はただ生きているというだけですごいのだ―ということです。

私は人間の価値というものを、これまでのように、その人間が人と生まれて努力をしたりがんばったりしてどれだけのことを成し遂《と》げたか―そういう足し算、引き算をして、その人間たちに成功した人生、ほどほどの一生、あるいは失敗した駄目《だめ》な生涯《しょうがい》、というふうに、区分けをすることに疑問をもつようになりました。

人間の一生というものはそれぞれが、(い)かけがえのない一生なのであって、それに A とか竹とか梅とかランクを付けるのはまちがっているのではないか。

たしかに人間にとって、愛と[b]セイギと勇気と努力をもって世のため人のために尽《つ》くし、そして名誉《めいよ》や富や社会的な地位を得たり、あるいは科学上の大きな発明を成し遂げたり、大冒険《ぼうけん》を成功させたりする、そして世の中から拍手《はくしゅ》でヒーローとして迎《むか》えられるというのもすばらしいことではありますが、③さして人間の価値とは関係がないのではないか、と、たいへん乱暴なことを少しずつ考えるようになってきたのです。

最近では、人間の値打ちというものは、生きている―この世に生まれて、とにかく生きつづけ、今日まで生きている、そのことにまずあるのであって、生きている人間が何事を成し遂げてきたか、という人生の[c]シュウシ決算は、それはそれで、二番目ぐらいに大事に考えていいのではなかろうか、と思うようになりました。

人間の体の成り立ち、心の成り立ち、そして魂《たましい》の成り立ち、そういうものをつぶさに観察すると、こんなに人間の命というものは不思議な力によってささえられているのか、と驚嘆《きょうたん》しないわけにはいきません。

人間だけではありません。④植物も、すべての動物もみんなそうなのです。

私たち哺乳《ほにゅう》類は一生のあいだに約五億回の呼吸をあたえられて生きているという話を『ゾウの時間ネズミの時間』という中公新書で読みました。著者は本川達雄《もとかわたつお》さんという生物学者です。五億回の呼吸の尽《つ》きるとき哺乳類のゾウもネズミも人間もみんな生命を終える。そのことをわかって、しかもなお私たちは一日一日、生きることをdアンイに放棄《ほうき》せずに生きつづけてきている。

生きているというだけでもいかに大切かとぼくが思うようになったエピソードを紹介《しょうかい》しましょう。前にもエッセイのなかで書いた話ですが、⑤アメリカのアイオワ州立大学の、生物学者のディットマーという博士がたいへんおもしろい実験をされました。

それは、三十センチ四方の木箱、深さ五十六センチぐらいでしょうか、そのなかに砂を入れて、一本のライ麦の苗《なえ》を植え、そして水をやりながら数カ月育てるのです。〔 Ⅱ 〕、その限られた砂を入れた木箱のなかで四カ月のあいだに、ひょろひょろとしたライ麦の苗が育ってきます。これはもうeトウゼンのことながら色つやもそんなによくないし、実もたくさんはついていない、貧弱なライ麦の苗が育つ。そのあと箱を壊《こわ》し、そのライ麦の根の部分にたくさんついている砂をきれいにふるい落とします。

〔 Ⅲ 〕、その貧弱なライ麦の苗を数カ月生かし、それをささえるために、いったいどれほどの長さの根が三十センチ四方、深さ五十六センチの木箱の砂のなかに張りめぐらされていたか、ということを物理的に計測するのです。目に見える根の部分は全部ものさしで測って、足していきます。根の先には根毛とかいう目に見えないじつに細かなものがたくさん生えているのですが、そういうものは顕微《けんび》鏡で細かく調べ、その長さもみんな調査して、それを足していく。

その結果、一本の貧弱なライ麦の苗が数ヶ月命を育てていく、命をささえていくために、その三十センチ四方、深さ五十六センチという狭《せま》い箱の砂のなかにびっしり張りめぐらしていた根の長さの総延長数が出てくる。その数字を見て、ぼくはちょっと **B** を疑いました。注1誤植《ごしょく》じゃないかと思ったぐらいなのです。

なんと、その根の長さの総計、総延長数は一万一千二百キロメートルに達したというのです。一万一千二百キロメートル、これは注2シベリア鉄道の一・五倍ぐらいになります。

一本の麦が数ヵ月、自分の命をかろうじてささえる。そのため⑥びっしりと木箱の砂のなかに一万一千二百キロメートルの根を細かく張りめぐらし、そこから日々、水とかカリ分とか窒《ちっ》素とかリン酸その他の養分を休みなく努力して吸いあげながら、それによってようやく一本の貧弱なライ麦の苗がそこに命をながらえる。命をささえるというのは、じつにそのような大変なf営みなのです。

そうだとすれば、そこに育った、たいした実もついていない、色つやもそんなによくないであろう貧弱なライ麦の苗に対して、おまえ、実が少ないじゃないかとか、背丈《せたけ》が低いじゃないかとか、色つやもよくないじゃないかとか、gヒナンしたり悪口を言ったりする気にはなれません。よくがんばってそこまでのびてきたな、よくその命をささえてきたな、と、そのライ麦の根に対する賛嘆《さんたん》の言葉を述べるしかないような気がするのです。

私たち人間というものは、一本のライ麦にくらべると何千倍何万倍、ひょっとしたら何十万倍の大きさ、あるいは重さをもっている。一本の麦がそうであるならば、私たちも同じように生きていくために、さまざまなものを必要とする。太陽の光も必要、空気も必要、水も必要、熱も必要、あるいは石油とか、いろんなものも使う。そのほかに私たちは自分より弱い生物を犠牲《ぎせい》にして食物を得、あるいは動物を食べ、そしてこの命をささえている。

〔 Ⅳ 〕私たち人間は、物として存在するだけでなく、hセイシン的な存在でもありますから、魂《たましい》の食べ物も必要である。愛というものも必要である。あるいは人生の目的も必要である。友情というのもある。仕事のやりがいも必要である。家族のお互《たが》いのiレンタイ感も必要である。

jタンジョウ以来一週間生きたというだけでもすごいな、とじつは思うのです。そして十カ月生き、三年生き、十年生き、さらに二十年生きる——。生きるために私たちが、目に見えないところで、どれほどの大きな努力にささえられているか。自分の命がどれほどがんばって自分をささえているか。

（出典　五木寛之《いつきひろゆき》『大河の一滴《いってき》』幻冬舎《げんとうしゃ》文庫）

注1　誤植《ごしょく》……………印刷物の中の文字や符号《ふごう》などの誤《あやま》り。

注2　シベリア鉄道…ロシア連邦《れんぽう》南部のシベリアとヨーロッパロシアを東西に横断する世界一長い鉄道。

問い

一　〜〜〜部a〜jについて、カタカナは漢字になおし、漢字はひらがなで読みを書きなさい。

二　〔　〕部Ⅰ〜Ⅳに入る言葉の組み合わせとして最もふさわしいものを次のア〜エから選び、記号で答えなさい。

ア　Ⅰ　そして　Ⅱ　すると　Ⅲ　あるいは　Ⅳ　しかも
イ　Ⅰ　あるいは　Ⅱ　すると　Ⅲ　そして　Ⅳ　しかも
ウ　Ⅰ　しかも　Ⅱ　あるいは　Ⅲ　そして　Ⅳ　すると
エ　Ⅰ　すると　Ⅱ　しかも　Ⅲ　あるいは　Ⅳ　そして

三　——部①「自□自□」の□に漢字を入れて、四字熟語を完成させなさい。

四　――部(あ)・(い)の文章中における言葉の意味として最もふさわしいものを、次の**ア**～**エ**からそれぞれ一つずつ選び、記号で答えなさい。

(あ)「痛感」

ア　考えても解決しないこと。　　**イ**　考えると心が痛くなること。

ウ　はっきり気がついたこと。　　**エ**　強く心に感じること。

(い)「かけがえのない」

ア　なくなった時、かわりに用いる同類のものがない状態。

イ　考え方をまちがえると大変なことになってしまう状態。

ウ　くり返すことが不可能になってしまう状態。

エ　自分で思ったようにすることができない状態。

五　□部**A**に入る漢字一字を答えなさい。

六　□部**B**に入る漢字一字を答えなさい。

七　――部②「物事がうまくいっているときは、あまり考えない」とありますが、何を考えないのですか。その具体的内容を本文中から十五字以内で抜《ぬ》き出しなさい。

八　――部③「さして人間の価値とは関係ないのではないか」とありますが、筆者がそのように考える理由を、本文の言葉を使って五十字以内で書きなさい。

九　――部④「植物も、すべての動物もみんなそうなのです。」とありますが、「そう」の指示内容を本文中から抜き出し、その最初と最後の三字を書きなさい。

十　――部⑤「アメリカのアイオワ州立大学の生物学者のディットマーという博士がたいへんおもしろい実験をされました。」とありますが、この実験を通して、筆者は何を言おうとしていますか。本文中の言葉を使って四十字以内で書きなさい。

十一　――部⑥「びっしりと」はどこにかかりますか。次の**ア**～**エ**から選び、記号で答えなさい。

ア　木箱の　**イ**　一万一千二百キロメートル　**ウ**　細かく　**エ**　張りめぐらし

十二　次の**ア**～**エ**から、本文内容に最も**ふさわしくないもの**を選び、記号で答えなさい。

ア　人間は、限られた時間しか生きることができないが、生きているということこそが一番大切である。

イ　人生における大きな成功や発明などはすばらしいことではあるが、それで人間の価値が決まるのではない。

ウ　人間が生きていることの重要さは、ネズミやゾウや植物と少しも変わることはない。

エ　人間として生まれたからには、世のため、人のために尽くして人生を終えるべきである。

問3		問4	(1)	(2)
問5		問6		
問7		問8	(1)	(2)

3

問1		問2	
問3		問4	
問5	西暦　　　年　　　月　　　日		

受験番号		名前		得点	

※50点満点
（配点非公表）

(6)	

3

(1)		(2)		(3)	
(4)		(5)			
(6)		(7)			

4

(1)		(2)	℃	(3)	

5

(1)		(2)		(3)	

受験番号		名前		得点	

※50点満点
（配点非公表）

4

(1)	2.　　4.　　6.　　7.		
(2)	通り	(3)	通り

5

(1)	cm^3	(2)	分間
(3)	分　　秒		
(4)	＜求め方＞ ＜答＞　　時間　　分　　秒		

受験番号		名前		得点	

※100点満点
（配点非公表）

令和四年度　中学校入学試験問題Ⅰ　解答用紙

国語

受験番号

名　前

得　点

※100点満点
（配点非公表）

一

a

b

c

d

e

f

g

める

h

る

i

j

二

A

B

C

D

三

四

五

六

〜

七

令和４年度　中学校入学試験問題Ⅰ

算　　　数

（４０分）

「始め」の合図があるまでは問題を開いてはいけません。

注意

1. 「始め」の合図で始め,「やめ」の合図で, すぐにやめなさい。
2. この問題は表紙もいれて，１ページから７ページまであります。試験開始の合図があったら，中をたしかめ，印刷のはっきりしないものや，ページのたりないものがあったら，すぐに申し出なさい。
3. 答えは，すべて解答用紙の決められたところに，指示された方法で答えなさい。

1 次の計算をしなさい。

(1) $324 - 217 + 58$

(2) $20 + 22 - 1 \div 8$

(3) $4\frac{4}{5} - 2\frac{1}{3} \div 3\frac{1}{2}$

(4) $(54 - 8 \times 2) \div 2 + 14$

(5) $2.4 \div 3 - \left(\frac{1}{4} - \frac{1}{5}\right) \times \frac{5}{2}$

2 次の問いに答えなさい。

(1) 次の式が成り立つように，□に入る数字を答えなさい。

128 ÷ □ − 16 + 5 × 7 = 51

(2) 1200円に30%の利益を見込むといくらになりますか。

(3) 時速54km は秒速何m ですか。

(4) 当たりとはずれの本数を2：5の割合でくじを作ります。当たりを8本入れるとき，くじは全部で何本になりますか。

(5) 図の斜線部分の面積を求めなさい。ただし，円周率は3.14とします。

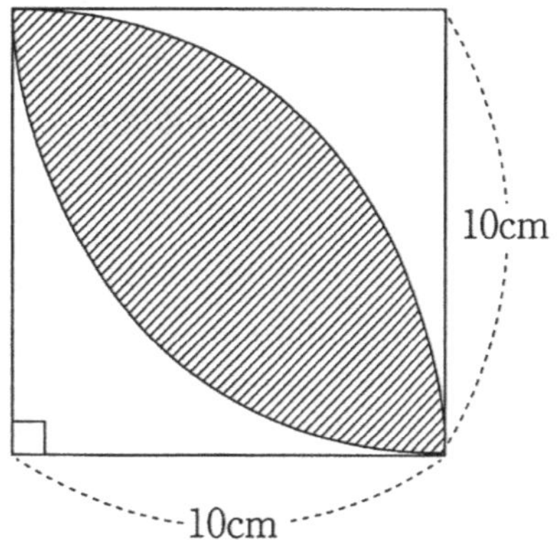

3 右のような木にセミが止まることを考えます。このセミは次の性質があります。

○　一列に止まる。

○　木に止まっていたセミは，すぐそばに新しいセミが止まるとびっくりして飛び立つ。

（例）③とすぐそばの場所は，②と④

今、①，③，⑦，⑨にセミが４匹止まっている。

次の各問いに答えなさい。

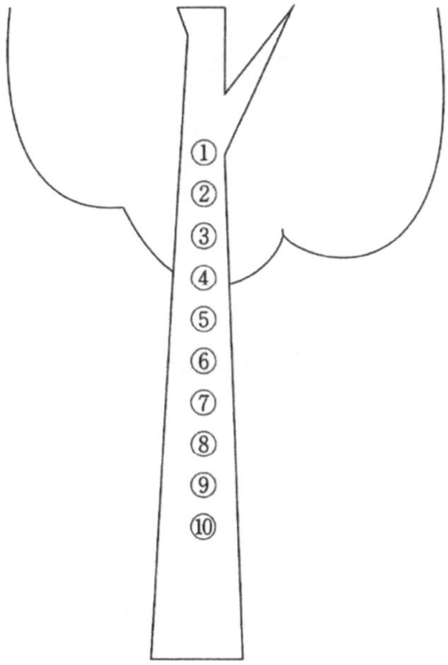

⑴　⑥に新しくセミが止まると，木には何匹のセミが止まっていますか。

⑵　②に新しくセミが止まると，木には何匹のセミが止まっていますか。

⑶　新しく２匹止まることを考えます。その結果，木に止まっているセミを５匹にしたいとき，２通りの止まり方があります。どことどこに止まったらいいか，順番も考えて答えなさい。ただし，同時に２匹止まることは考えません。

4　ひじ子さんは以下の設定でトーナメントを作ることになりました。

〈出場校〉

広島県から４校（１位，２位，３位，４位）

山口県から２校（１位，２位）

岡山県から２校（１位，２位）

の合計８校

〈条件〉

○　１回戦は同県では当たらない。

○　２校出場の県は，1.～4.，5.～8.にそれぞれ１校ずつ入るようにする。

○　前回の結果から，広島県１位は1.に，広島県２位は8.に入る。

○　山口県と岡山県の１位は4.または5.のいずれかに入る。

次の各問いに答えなさい。

(1)　3.に広島県４位，5.に山口県１位が入るとき，その他の場所の入り方は1通りになります。2.，4.，6.，7.に入る出場校を答えなさい。

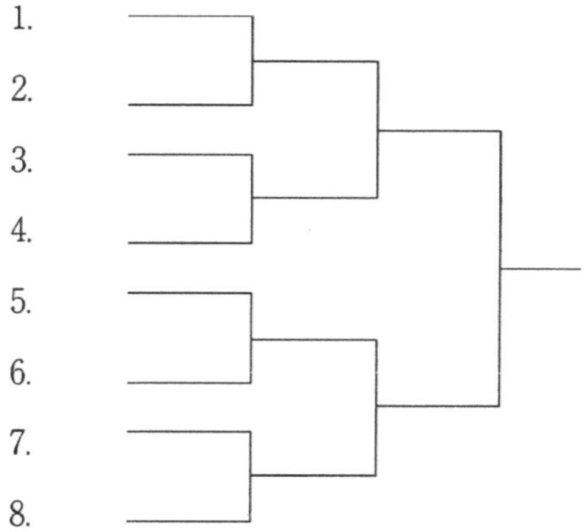

(2)　4.に山口県１位が入るとき，何通りのトーナメントが作れますか。

(3)　４つの条件でトーナメントを作るとき，何通りのトーナメントが作れますか。

5 直方体を組み合わせて，「Y」の形をした立体を作ります。ただし，ア，イの面にはふたはなく，容器の厚みは考えないものとします。次の各問いに答えなさい。

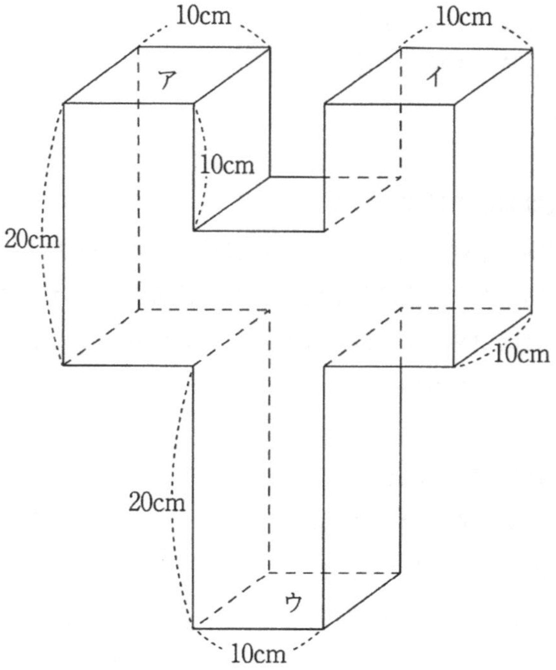

(1) この立体の体積を求めなさい。

アから毎分200cm^3の速さで水を入れます。

(2) 容器いっぱいに水を入れるのに何分間かかりますか。

(3) 水面の高さが 25cm になるには，水を何分何秒入れたらいいでしょうか。

(4) 水をいっぱいに入れた状態にし，ウから水を抜いていきます。ウから毎分 $80cm^3$ の速さで水を抜いていくとき，何時間何分何秒で水面の高さが 15cm になりますか。また，その求め方も答えなさい。

令和4年度　中学校入学試験問題Ⅱ

算　　　数

（40分）

「始め」の合図があるまでは問題を開いてはいけません。

注意

1. 「始め」の合図で始め,「やめ」の合図で, すぐにやめなさい。
2. この問題は表紙もいれて，1ページから7ページまであります。試験開始の合図があったら，中をたしかめ，印刷のはっきりしないものや，ページのたりないものがあったら，すぐに申し出なさい。
3. 答えは，すべて解答用紙の決められたところに，指示された方法で答えなさい。

1 次の計算をしなさい。

(1) $50 - 24 + 16$

(2) $\frac{3}{4} + \frac{1}{6} - \frac{2}{3}$

(3) $32 - 24 \div 4 \times 2$

(4) 0.25×40

(5) $\left(1\frac{1}{8} - \frac{5}{6}\right) \div 1\frac{3}{4}$

2 次の□にあてはまる数を求めなさい。

(1) □ $\div 5 \times 0.2 = 4$

(2) 時速36kmで走っている車は，1秒に□m進みます。

(3) 500gの□%は350gです。

(4) 4つの数　70，94，□，80の平均は82です。

(5)　半径が5cmの半円の周りの長さは□cmです。
ただし，円周率は3.14とします。

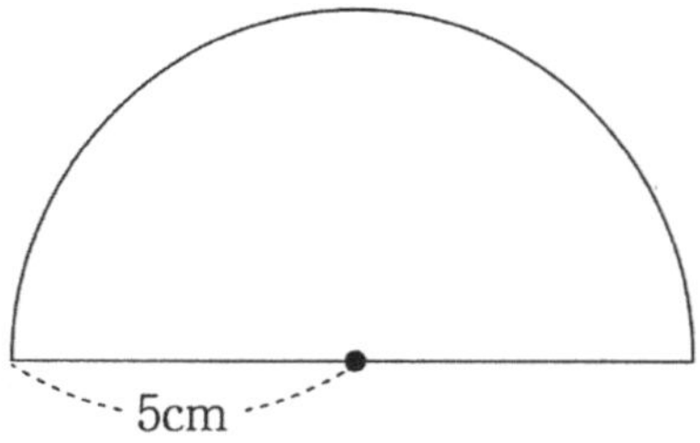

(6)　次の直方体の表面積は□cm^2です。

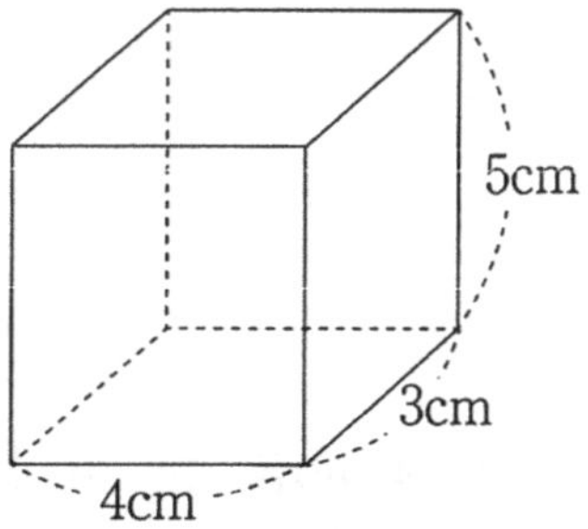

令和四年度　中学校入学試験問題Ⅱ　解答用紙

国語

受験番号

名前

得点

※100点満点
（配点非公表）

一
a
b
c
d
e
f
み
g
h
i
j

二

三
自
自

四
（あ）
（い）

五

六

七

国語

令和四年度　中学校入学試験問題Ⅰ　解答用紙

一	二	三	四	五	六
			(あ)		
			(い)		

	L		L		分後

4

(1)		(2)	段目	(3)	個

5

(1)		(2)	
(3)			

受験番号		名前		得点	

※100点満点
（配点非公表）

令和４年度　中学校入学試験問題Ⅱ　解答用紙

算数

1

(1)		(2)		(3)	
(4)		(5)			

2

(1)		(2)		(3)	
(4)		(5)		(6)	

【解答用

八	九	十	十一	十二
	～			

3 次のグラフは，満水にした水そうから，水そうの中が空になるまで一定の割合で水を排水した様子を表したものです。水を排水し始めて 12 分たったときの水そうに残っている水の量が 70L でした。次の各問いに答えなさい。

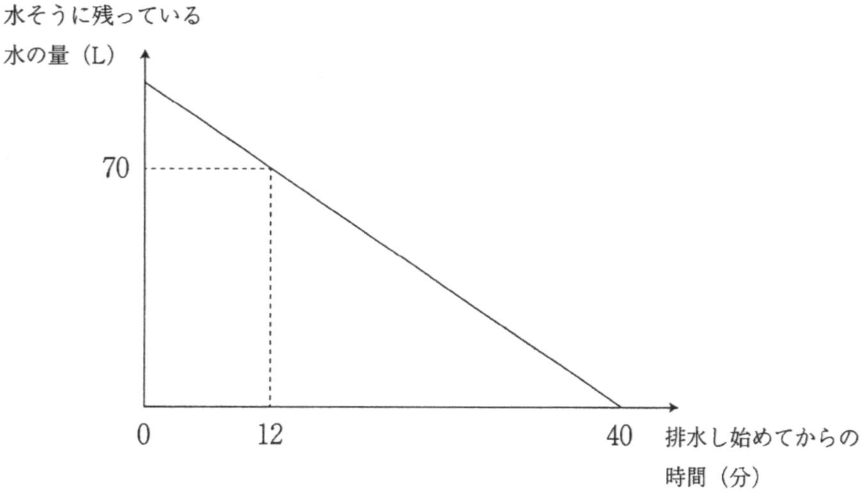

(1) 1分あたり何Lずつ排水していますか。

(2) はじめ，この水そうには何Lの水が入っていましたか。

(3) 水そうに残っている水の量が 10L になるのは，水を排水し始めてから何分後ですか。

4 同じ大きさの正三角形を下の図のように，1段目，2段目，3段目…とならべ，正三角形に上から順に番号をつけました。次の各問いに答えなさい。

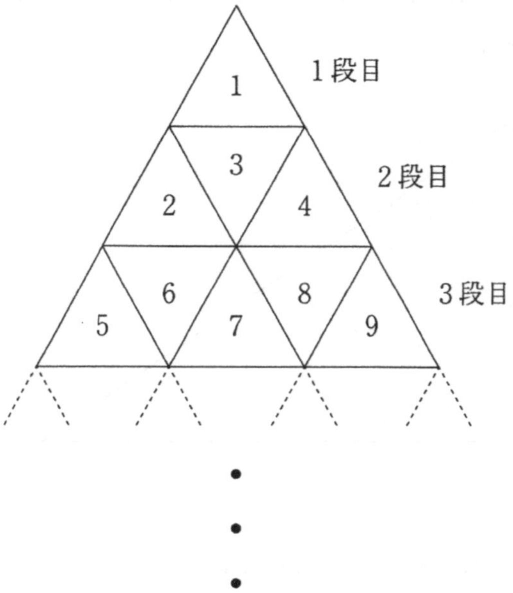

(1) 5段目まで並べたとき，5段目の一番右にある数はいくつですか。

(2) 一番左の数が50となるのは，何段目ですか。

(3) 100段目にならぶ正三角形は何個ありますか。

5 お母さんにお使いを頼まれたさくらさんと花子さんの姉妹が，果物屋に来ています。果物屋での2人の会話文を読み，［　　　］の(1)，(2)にはあてはまる数を，(3)には文章や式を使って理由を説明しなさい。ただし，消費税は考えないこととします。

・りんご1個120円
・みかん1個80円
・りんご，みかん両方とも6個以上お買い上げの方は，合計金額から10%値引きします。

さくら：「りんごは1個120円，みかんは1個80円だね。」

花　子：「そうだね。お母さんから『りんごもみかんもそれぞれ最低1個は買うことにして，合計金額が1000円以内になるように買ってきてね。』と頼まれたね。合計金額がちょうど1000円になるように買うことができるかな。」

さくら：「合計金額がちょうど1000円になる買い方は，全部で［(1)］通りあるよ。」

花　子：「りんごとみかんの個数が同じになるようにしようよ。」

さくら：「それなら，それぞれ［(2)］個ずつ買うとあわせてぴったり1000円になるよ。」

花　子：「『りんご，みかん両方とも6個以上お買い上げの方は，合計金額から10%値引きします』と書いてあるよ。それぞれ6個ずつ買えばもしかすると1000円払うとおつりが出るんじゃないかな。」

さくら：「それは違うよ。なぜなら，［(3)］。」

花　子：「確かにそうだね。ではそれぞれ［(2)］個ずつ買うことにしよう。」

令和4 年度　中学校入学試験問題Ⅰ

理　　科

（２０分）

「始め」の合図があるまでは問題を開いてはいけません。

注意

1. 「始め」の合図で始め,「やめ」の合図で, すぐにやめなさい。
2. この問題は表紙もいれて，１ページから８ページまであります。試験開始の合図があったら，中をたしかめ，印刷のはっきりしないものや，ページのたりないものがあったら，すぐに申し出なさい。
3. 答えは，すべて解答用紙の決められたところに，指示された方法で答えなさい。

1　**図1**のように，糸とおもりで作ったふりこをスタンドにつり下げ，糸がたるまないようにゆらし，ふりこが1往復する時間を調べます。次の問いに答えなさい。ただし，空気の抵抗《ていこう》や糸を取り付けている部分と糸とのまさつは考えないものとします。**図1**の**あ**の角度をふれはばとします。

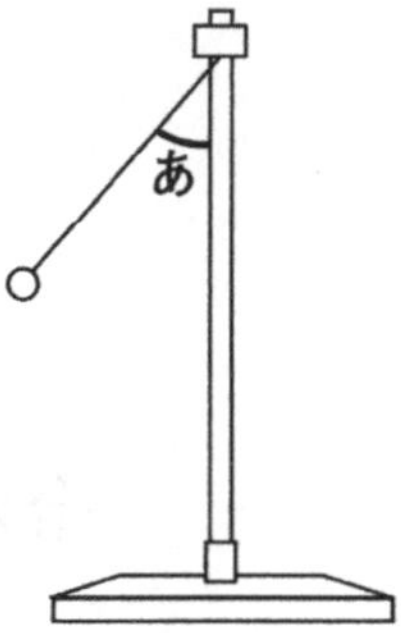

図1

(1)　ある条件のふりこの１往復する時間を正確にはかるには，１往復ごとにはかるのではなく，どのようにすればよいか答えなさい。

(2)　Ａさん，Ｂさん，Ｃさんはふりこの１往復する時間が何によって変わるのかを予想し，実験で調べることにしました。実験の計画で，「変える条件」と「同じにする条件」をそれぞれ考え，正しく選ぶものとします。

Ａさん　「おもりの重さによって変わると思うよ。」

Ｂさん　「ふりこの長さが関係しているのではないかな。」

Ｃさん　「ふりこのふれはばが大きいと１往復する時間は長くなりそうだよ。」

①Ａさんの予想を調べる実験で，「同じにする条件」を下の**ア**～**カ**の中から最も適当なものを１つ選び，記号で答えなさい。

ア　おもりの重さ
イ　ふりこの長さ
ウ　ふりこのふれはば
エ　おもりの重さとふりこの長さ
オ　おもりの重さとふりこのふれはば
カ　ふりこの長さとふりこのふれはば

②Ｂさんは，ふりこの長さが40cmと80cmのときで，ふりこの１往復する時間を５回ずつ調べました。この実験結果を表すグラフとして最も適当なものを，次のページの**図２**の**ア**～**エ**の中から１つ選び，記号で答えなさい。

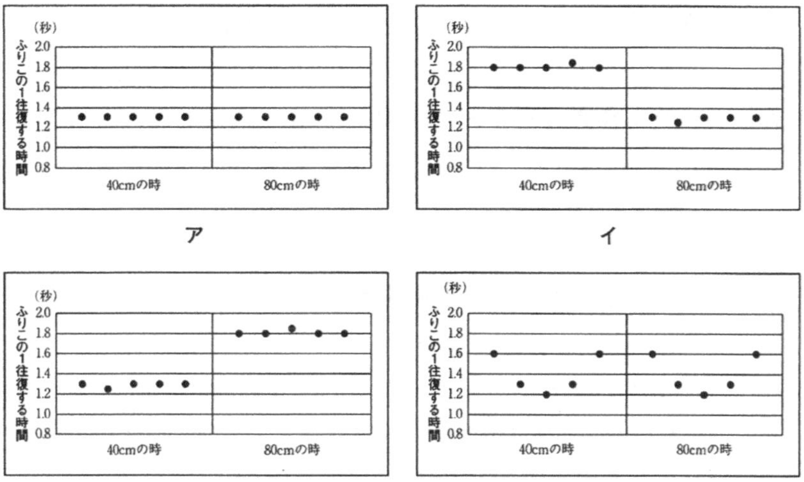

ア　　　　イ

ウ　　　　図2　　　　エ

③Cさんは，ふりこのふれはばが10°と20°のときで，ふりこの1往復する時間を5回ずつ調べました。ふりこの1往復する時間はどのようになると考えられますか。下の**ア**～**エ**の中から1つ選び，記号で答えなさい。

ア　ふれはばが10°の時の時間の方が長くなる。

イ　ふれはばが20°の時の時間の方が長くなる。

ウ　ふれはばが20°の時の方が，ふれはばが10°の時より時間が長くなる時もあれば，短くなる時もある。

エ　ふれはばによって変わらない。

(3)　**図3**のように，ふりこが**ア**から**オ**の間でゆれている時，おもりが静止する位置はどこですか。**図3**の**ア**～**オ**の中からすべて選び，記号で答えなさい。**ア**と**オ**，**イ**と**エ**は，**ウ**からの高さがそれぞれ同じ高さであるものとします。また，答えがない場合は「なし」と答えなさい。

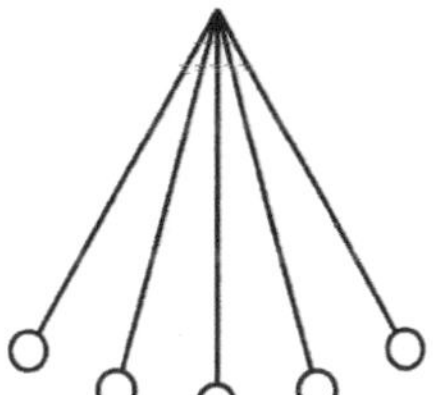

ア　イ　ウ　エ　オ

図3

(4)　ふりこの性質を利用したものにどのようなものがありますか。下の**ア**～**エ**の中から1つ選び，記号で答えなさい。

ア　モーター　　**イ**　手回し発電機　　**ウ**　メトロノーム　　**エ**　ベル

2 金属と水溶液《すいようえき》との反応を調べるために行った操作①～④について，下の各問いに答えなさい。

操作①　ある濃度（＝濃さ）の塩酸 10mL に蒸留水を加えて全体の量を [A] mL にして，元の濃度の三分の一の濃度にうすめた塩酸を作った。

操作②　アルミニウム 0.1g の入った試験管に，ガラス器具 [B] を用いて操作①で作った濃度をうすめた塩酸 5mL を加えると，気体の発生が確認できた。

操作③　操作②でアルミニウムがすべて溶け終わったことを確認した後，試験管の内容物をすべてセラミック皿（加熱用の皿）に移し，それをガスバーナーで十分な時間加熱した。

操作④　操作③の後，セラミック皿の中に残った物質をすべて取り出し，電子天秤《でんしてんびん》を用いてその重さを調べた。

(1)　操作①の空欄《らん》 [A] に当てはまる数字を整数で答えなさい。

(2)　操作①の作業中に誤《あやま》って塩酸が手にかかってしまった場合，どのような応急処置を行うべきか，最も適当なものを下の**ア**～**オ**の中から１つ選び，記号で答えなさい。

ア　塩酸がかかった手を，カイロでよく温める。

イ　塩酸がかかった手を，氷でよく冷やす。

ウ　塩酸がかかった手を，水道水でよく洗う。

エ　塩酸がかかった手に，水酸化ナトリウム水溶液をよく吹きかけ酸の性質を打ち消す。

オ　塩酸がかかった手を，多量の砂の中に入れよくこする。

(3)　下の写真は，操作②の空欄《らん》 [B] に当てはまるガラス器具を写したものです。このガラス器具の名称《しょう》を答えなさい。

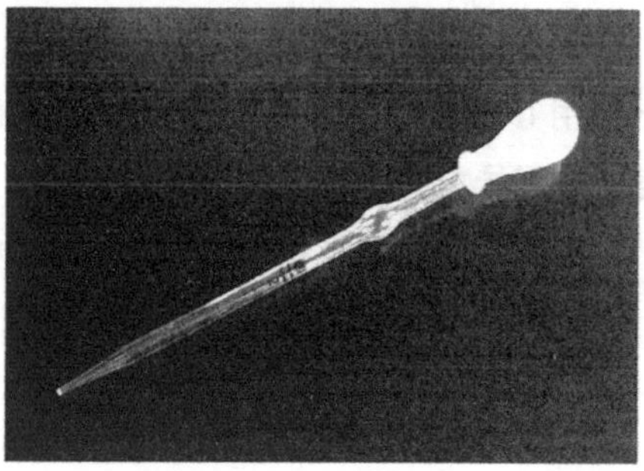

(4) 操作②で注意深く観察していると，塩酸を加えた直後は気体の発生量は少なかったが，そのうちだんだんと激しくなってきたことが観察できました。このように，気体の出方がだんだん激しくなっていった理由を，次の空欄《らん》[ア]と[イ]に適当な語句を埋める形で簡潔《かんけつ》に説明しなさい。

理由…塩酸の[ア]が，だんだん[イ]なってきたから。

(5) 操作③を行う際に，教室を十分換気《かんき》して行うのはなぜですか。その理由を，次の空欄《らん》[ア]と[イ]に適当な語句を埋める形で簡潔《かんけつ》に説明しなさい。ただし，空欄《らん》[ア]には漢字四字の物質名が入るものとします。

理由…加熱により，水溶液中に溶けていた[ア]が気体となって発生する可能性があるので，それを[イ]ようにするため。

(6) 操作②～④に関する記述として適当なものを，下の**ア**～**オ**の中からすべて選び，記号で答えなさい。

ア 操作②で生じた気体は，酸素である。

イ 操作②でアルミニウムはすべて白色の物質に変化し，水溶液が白く濁《にご》る。

ウ 操作③で加熱により，水溶液が無色から黒色に変化する。

エ 操作③で加熱後のセラミック皿には，白色の物質が残っている。

オ 操作④で電子天秤《でんしてんびん》が示す値は，0.1g より大きな数値である。

3 人の赤ちゃんは母親のおなかの中で育って生まれてきます。次の問いに答えなさい。

(1) 赤ちゃんのもとになる，成長した女性の体内で作られる特別な細胞を何といいますか。

(2) (1)の細胞は，成長した男性の体内で作られる特別な細胞と結びつくことがきっかけで成長を始めます。この特別な細胞を何といいますか。

(3) (1)と(2)の細胞が結びつくことを何といいますか。

(4) (1)と(2)の細胞が結びついた結果できたものを何といいますか。

(5) (4)の細胞は女性の体の何という臓器のなかで育ちますか。

(6) (4)の細胞が母親の体内で育ち，産まれてくるまでの期間は約何週間ですか。最も適当なものを，下の**ア**～**エ**の中から1つ選び，記号で答えなさい。

ア 4週間　**イ** 9週間　**ウ** 38週間　**エ** 48週間

(7) 母親のおなかの中で育っているあいだの栄養等のやり取りを説明した次の文の①，②に入る語句の組み合わせとして，最も適当なものを，下の**ア**～**オ**の中から1つ選び，記号で答えなさい。

赤ちゃんは（ ① ）によって母親の体にできた（ ② ）とつながっている。赤ちゃんに必要な養分や不要なものはこの（ ① ）を通って（ ② ）でやり取りされる。

ア ① たいばん　② へそのお
イ ① たいばん　② へそ
ウ ① へそのお　② たいばん
エ ① へそのお　② 羊《よう》水
オ ① へそ　② 羊《よう》水

4　晴れた日とくもりの日の気温について，次の各問いに答えなさい。

(1)　温度計の目盛りの読み方について，正しいものを下の図の**ア**～**ウ**の中から１つ選び，記号で答えなさい。

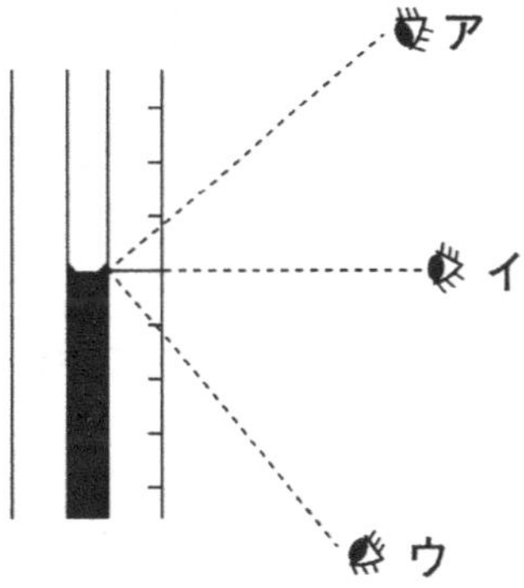

(2)　下の図の温度計は何℃を示していますか。

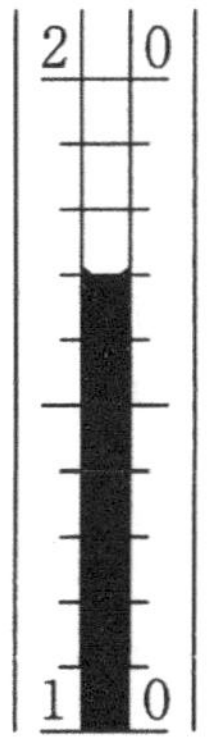

(3)　次の文は，くもりの日の気温と晴れの日の気温について述べています。正しい文を下の**ア**～**エ**の中から１つ選び，記号で答えなさい。

ア　くもりの日は，晴れの日よりも，一日の気温の変化が小さい。

イ　くもりの日は，晴れの日よりも，一日の気温の変化が大きい。

ウ　くもりの日と，晴れの日は，一日の気温の変化が小さい。

エ　くもりの日と，晴れの日は，一日の気温の変化が大きい。

5　雨の降ったあとの天気のよい日にプラスチックの透《とう》明な容器を地面にかぶせてしばらく様子を観察しました。次の各問いに答えなさい。

(1)　透明な容器には水てきがつきました。水てきがついた理由を述べた次の文の①に入る語句を漢字二字で答えなさい。

地面に含まれている水が，太陽の熱で温められ（　①　）して，再び冷やされたため。

(2)　(1)の①と同じ現象のものを下の**ア**～**エ**の中から１つ選び，記号で答えなさい。

ア　ドライアイスを部屋に置いておくと，やがてなくなる。

イ　雪がとけて水になる。

ウ　冷蔵庫からよく冷えたジュースのペットボトルを出すと，外側に水てきがつく。

エ　洗たく物をほすと，しばらくしてかわく。

(3)　空気中の水《すい》蒸《じょう》気《き》は，上空に運ばれて冷やされると，小さな水や氷のつぶになります。このつぶの集まりを何といいますか。漢字で答えなさい。

令和４年度　中学校入学試験問題Ⅰ

社　　　会

（２０分）

「始め」の合図があるまでは問題を開いてはいけません。

注意

1. 「始め」の合図で始め,「やめ」の合図で, すぐにやめなさい。
2. この問題は表紙もいれて，１ページから８ページまであります。試験開始の合図があったら，中をたしかめ，印刷のはっきりしないものや，ページのたりないものがあったら，すぐに申し出なさい。
3. 答えは，すべて解答用紙の決められたところに，指示された方法で答えなさい。

1 次の先生と生徒（ａさん・ｂさん）の会話を読んで，問題に答えなさい。

先　生：夏休みの宿題は広島県内の市町村調べでした。どこを調べてきましたか。

ａさん：私は呉市について調べました。呉は①周りを山と島々に囲まれた地形で，明治時代に日本海軍の拠点《きょてん》が置かれ，②製鉄・③造船業の町として発展しました。また，現在の呉市内の伝統産業では，呉市川尻町の［　④　］が有名です。

先　生：［　④　］といえば内陸の安芸郡熊野町も有名ですね。ともに国指定の伝統的工芸品に指定されています。

ｂさん：私は⑤尾道市を調べました。平安時代の末ころには尾道に港ができ，以後発展したそうです。こちらも造船業や⑥漁業が有名ですが，最近では地形を生かした⑦農業や，観光業もさかんです。⑧比治山女子中学校の研修旅行では，しまなみ海道のサイクリングをしたこともあるそうですよ。

先　生：二人はどうやって調べ学習をしましたか。

二　人：図書館に行って本を借りたり，インターネットを使ったりしました。⑨たくさんの情報が得られたので，どれを使うか悩みました。

問１　下線部①について，**写真Ｙ**は，**地図Ｘ**のどの場所から撮影《さつえい》されたものですか。

次の**ア**～**エ**から一つ選び，記号で答えなさい。

地図Ｘ

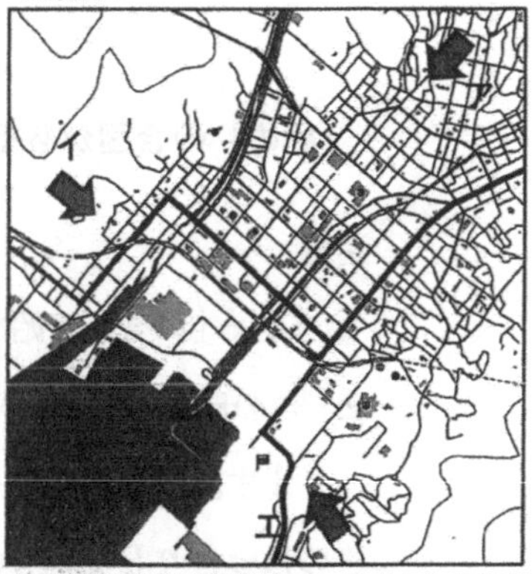

（国土地理院「地理院地図vector」をもとに作成）

写真Ｙ

問2　下線部②に関連して，鉄（鉄鋼）の生産には，原料となる鉄鉱石と燃料となる石炭が欠かせません。次の表は日本の鉄鉱石・石炭の輸入先をあらわしたものですが，この国**A**はどこですか。

鉄鉱石（2019年）		石炭（2019年）	
A	57.3%	**A**	58.7%
ブラジル	26.3%	インドネシア	15.1%
カナダ	6.2%	ロシア	10.8%
その他	10.2%	その他	15.4%

（二宮書店『2021 データブック オブ・ザ・ワールド』より作成）

問3　下線部③について，戦後の呉では石油を輸送するタンカーなどの大型船が作られました。これに関連して，外国から輸入された石油を加工する工場を中心に，石油製品を原料や燃料にする工場が集まっているところを何といいますか。

問4　空らん［　④　］にふさわしい言葉を1字で答えなさい。

問5　下線部⑤に関連して，次の図はJR尾道駅付近の地図です。次の文章のうち，**誤っているもの**はどれですか。次の**ア**～**エ**から一つ選び，記号で答えなさい。

ア　博物館のある山の西側のしゃ面は，南側のしゃ面と比べて建物が少ない

イ　尾道駅に最も近い交番は，駅の北東にある

ウ　市役所から見て西側には多くの寺が立ち並んでいる

エ　地図で描かれている場所の中では，線路より北側に郵便局はない

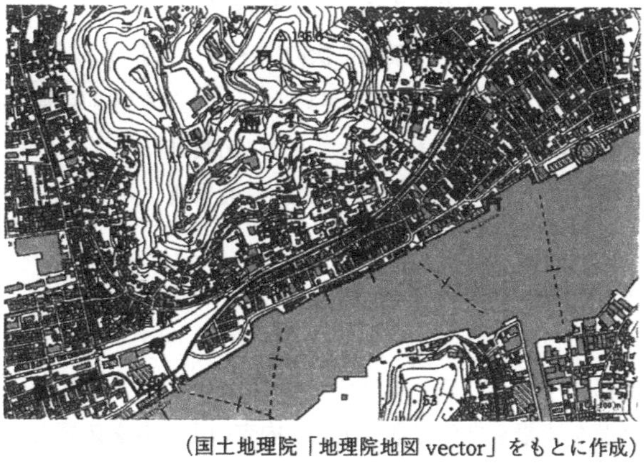

（国土地理院「地理院地図 vector」をもとに作成）

問6　下線部⑥に関連して，瀬戸内海に面した広島県内の漁業は，近海での漁業（右グラフの**B**）や養しょく業が中心です。しかし日本全体でみると，10t以上の船を使って，数日がかりで行われる漁業（右グラフの**C**）の方が，より生産量が多いです。**C**の漁業を何といいますか。

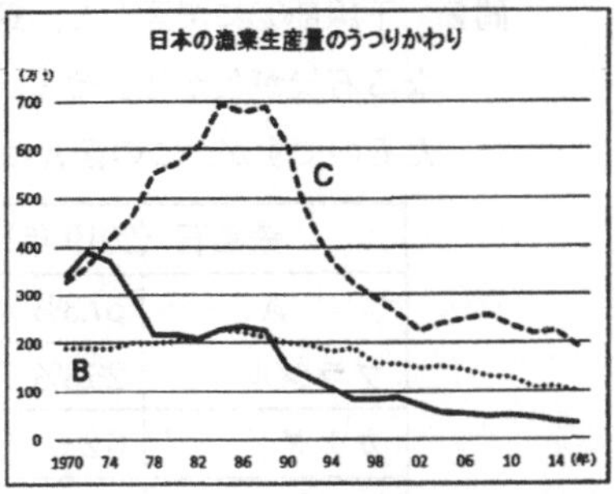

（水産庁「水産白書」より作成）

問7　下線部⑦について，下の表は日本で生産される果物**ア**～**エ**（ぶどう，りんご，みかん，日本なし）の，それぞれ収穫量の上位5県を並べたものです。尾道市瀬戸田町などで多く栽培されている果物を，**ア**～**エ**から一つ選び，記号で答えなさい。

ア		イ		ウ		エ	
青森県	409800	山梨県	36900	茨城県	20000	和歌山県	156000
長野県	127600	長野県	31700	千葉県	19300	愛媛県	125400
岩手県	45900	山形県	16400	栃木県	18100	静岡県	85900
山形県	40500	岡山県	15800	福島県	16000	熊本県	80700
福島県	23200	福岡県	7640	鳥取県	14700	長崎県	54000

（単位：t，矢野恒太記念会『データで見る県勢　第30版』より作成）

問8　下線部⑧に関連して，令和4年度の研修旅行は中部地方へ行くことが予定されています。

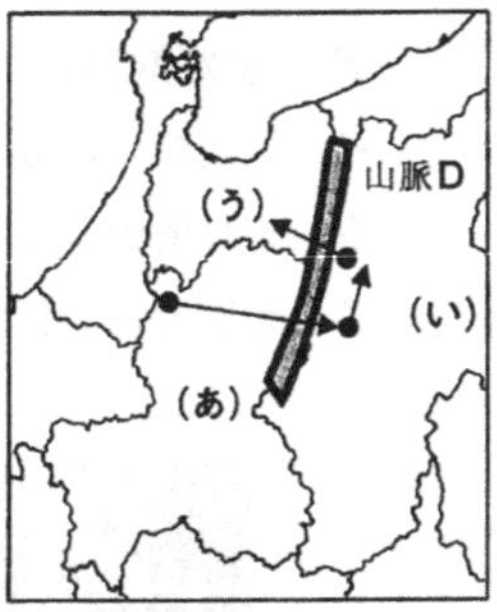

（国土地理院「地理院地図」をもとに作成）

(1)　研修旅行では右地図の矢印の順に，「白川郷の合掌造《がっしょうづく》り集落」，「上高地《かみこうち》」，「黒部《くろべ》・立山《たてやま》アルペンルート」をめぐります。この旅行で訪れる**（あ）（い）（う）**の県名を次の**ア**～**カ**から一つずつ選び，記号で答えなさい。

ア　長野県　　**イ**　新潟県　　**ウ**　山梨県

エ　富山県　　**オ**　愛知県　　**カ**　岐阜県

(2)　黒部ダムのある山脈**D**の名前を答えなさい。

問9　下線部⑨に関連して，インターネットやテレビ，本などの伝える情報の中から必要な情報を自分で選び出し，内容の正しさを確認し，活用する能力や技能を何といいますか。カタカナで答えなさい。

令和４年度　中学校入学試験問題Ⅰ　解答用紙

社　会

1

問1		問2			
問3		問4		問5	
問6		問7			
問8	(1)　(あ)　→　(い)　→　(う)				
	(2)	問9			

【解答

令和４年度　中学校入学試験問題Ⅰ　解答用紙

理科

1

(1)					
(2)	①		②		③
(3)		(4)			

2

(1)		(2)		(3)	
(4)	塩酸の（　　　　　　）が，だんだん（　　　　　　）なってきたから。				
	加熱により，水溶液中に溶けていた（　　　　　　　　　）が気体となって				

令和４年度　中学校入学試験問題Ⅰ　解答用紙

算数

1

(1)		(2)		(3)	
(4)		(5)			

2

(1)		(2)	円	(3)	秒速　m
(4)	本	(5)	cm^2		

3

(1)	匹	(2)	匹

【解答

十		十一	十二
(1)	(2)		

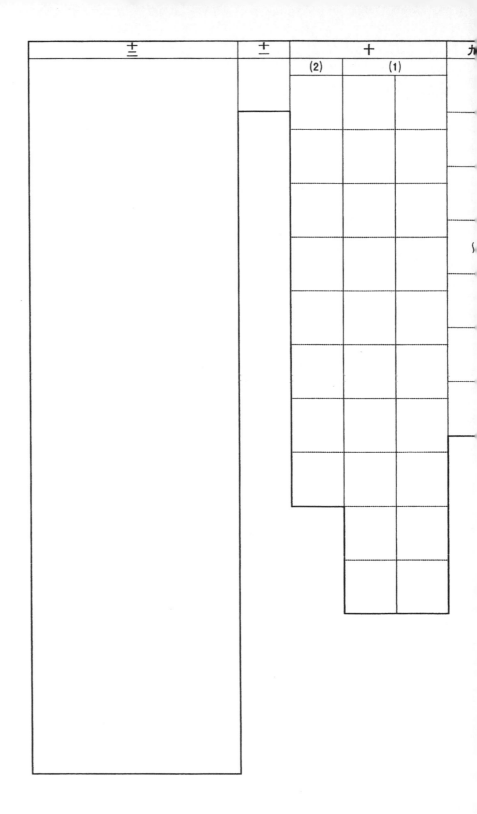

2 次の年表は，ある生徒が鎌倉時代の出来事についてまとめたものです。年表を見て，問題に答えなさい。

年	出来事	～まとめ・気づき～
1185	①鎌倉幕府ができる	○鎌倉幕府ができた年については，②いろいろな意見があることが分かった。
1192	源頼朝が［ ③ ］になる	
1221	④承久の乱が起こる	○［ ③ ］が力を持っていた期間は短く，その後，実際に鎌倉幕府で力を持っていたのは，［ ⑤ ］だったのだと分かった。
1232	⑥御成敗式目を定める	
1274	⑦元がせめてくる	○元軍との戦いで，御家人ではない武士も幕府にしたがい戦ったことが分かった。
1333	鎌倉幕府が滅びる	

問1 下線部①について，次の図は鎌倉幕府と御家人の関係を示したものです。図の**[あ]**・**[い]**にあてはまる組み合わせとして正しいものはどれですか。次の**ア**～**エ**から一つ選び，記号で答えなさい。

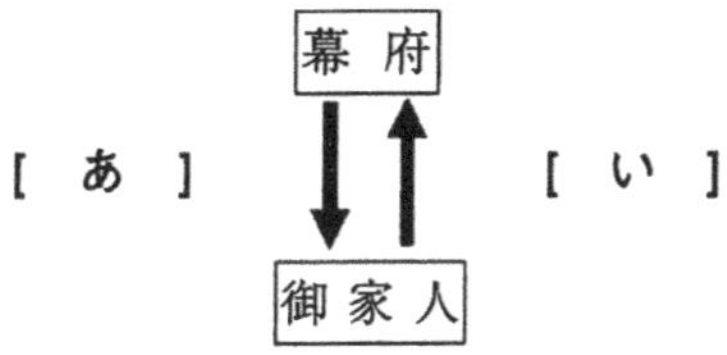

ア [あ]奉公 — いくさで戦う　　[い]ご恩 — 先祖からの領地の所有を認める
イ [あ]奉公 — 新しい領地を与える　　[い]ご恩 — いくさで戦う
ウ [あ]ご恩 — 先祖からの領地の所有を認める　　[い]奉公 — 鎌倉や京都を守る
エ [あ]ご恩 — 鎌倉や京都を守る　　[い]奉公 — 新しい領地を与える

問2　下線部②について，鎌倉幕府ができた年を1185年とする理由として，あてはまるものはどれですか。次の**ア**～**エ**から一つ選び，記号で答えなさい。

ア　源頼朝が平氏をたおすために兵をあげた年だから

イ　源頼朝が地方に守護や地頭を置くことを朝廷に認めさせた年だから

ウ　源頼朝がむすめを天皇のきさきにして，生まれた子を天皇に立てた年だから

エ　源頼朝が検地と刀狩を始めた年だから

問3　［　③　］にあてはまる役職を5字で答えなさい。

問4　下線部④について，(1)・(2)の問いに答えなさい。

(1)　朝廷が幕府をたおす命令を全国に出した時に，幕府の中心にいたのは何氏ですか。次の**ア**～**エ**から一つ選び，記号で答えなさい。

ア　北条氏　　**イ**　藤原氏　　**ウ**　徳川氏　　**エ**　今川氏

(2)　この戦いが終わったのち，京都に置かれた役所はどれですか。次の**ア**～**エ**から一つ選び，記号で答えなさい。

ア　京都所司代　　**イ**　問注所　　**ウ**　六波羅探題　　**エ**　侍所

問5　［　⑤　］にあてはまる役職を答えなさい。

問6　下線部⑥を説明した文として正しいものはどれですか。次の**ア**～**エ**から一つ選び，記号で答えなさい。

ア　武士の裁判の基準となる取り決めである。

イ　全国の大名を支配するための取り決めである。

ウ　政治を行うための17つの心構えをしめした取り決めである。

エ　租・調・庸などの税の制度についての取り決めである。

2022(R4) 比治山女子中　I
K 教英出版

問7　下線部⑦について説明した文として**誤っているもの**はどれですか。次の**ア**～**エ**から一つ選び，記号で答えなさい。

ア　日本の武士たちは，元軍の集団戦術や「てつはう」などに苦しんだ。

イ　元軍は，元に従った朝鮮（高麗）の人々も元軍の兵士として戦わせた。

ウ　元軍は，武士たちの激しい抵抗や暴風雨などにより損害を受けて，てっ退した。

エ　幕府は，一所懸命に戦った武士たちにたくさんの恩賞をあたえた。

問8　鎌倉時代について，(1)・(2)の問いに答えなさい。

(1)　鎌倉時代の武士たちが，武芸をみがくために取り組んだ訓練として，あてはまるものはどれですか。次の**ア**～**エ**から一つ選び，記号で答えなさい。

ア　流鏑馬《やぶさめ》　　**イ**　歌舞伎《かぶき》　　**ウ**　猿楽《さるがく》　　**エ**　蹴鞠《けまり》

(2)　鎌倉時代は，次のどの期間にあてはまりますか。
次の**ア**～**エ**から一つ選び，記号で答えなさい。

ワカタケル大王が中国に使いを送った。
↕ **ア**
小野妹子が中国に国書を届けた。
↕ **イ**
鑑真が日本で仏教や薬品の知識を広めた。
↕ **ウ**
平清盛が中国と貿易を行った。
↕ **エ**
足利義満が中国と貿易を行った。

3 次の図を参考にして，問題に答えなさい。

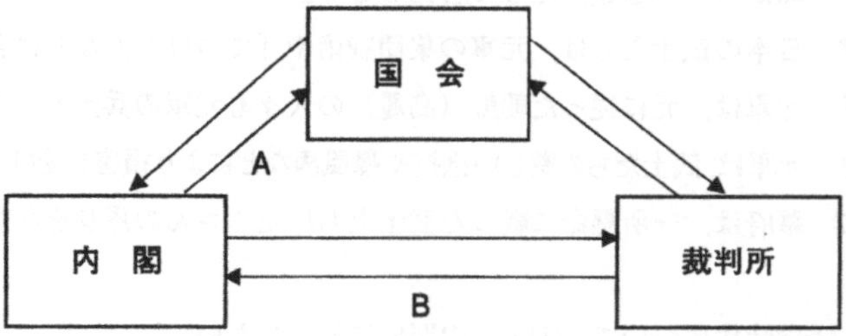

問1　図のように，国会・内閣・裁判所は国の重要な役割を分担しています。このように政治の役割を立法・行政・司法にわけるしくみを何といいますか。

問2　図の「**国会**」について，次の**ア**～**エ**のうち，国会の役割として**誤っているもの**を次の**ア**～**エ**から一つ選び，記号で答えなさい。

ア　条約の承認　　　　　**イ**　法律の制定
ウ　内閣総理大臣の任命　**エ**　予算の議決

問3　図の「**裁判所**」について，日本では，市民の感覚や視点を裁判に生かすことを目的に，国民が裁判に参加する制度がとられています。この制度を何といいますか。

問4　次の文章①・②は図の矢印の説明です。①・②の文章を読んで，それぞれが正しいか誤っているかを判断し，その組み合わせを次の**ア**～**エ**から一つ選び，記号で答えなさい。

①　**A**は「衆議院の解散」をあらわしている
②　**B**は「弾劾《だんがい》裁判所の設置」をあらわしている

ア　①も②も正しい　　**イ**　①だけ正しい
ウ　②だけ正しい　　**エ**　①も②も誤っている

問5　国会・内閣・裁判所のありかたは，日本国憲法で定められています。日本国憲法が公布されたのはいつですか。解答らんに合わせて答えなさい。